AF462352

BARREAU DE LYON.

ÉTUDE SUR LES LÉGISTES ET LES AVOCATS

AU XIVe SIÈCLE

BARREAU DE LYON.

ÉTUDE

SUR LES

LÉGISTES ET LES AVOCATS

AU XIVe SIÈCLE.

DISCOURS

PRONONCÉ LE 21 NOVEMBRE 1859

A LA RENTRÉE DE LA CONFÉRENCE

Par AUGUSTE **DUBREUIL**, Docteur en droit,

Avocat à la Cour Impériale.

LYON

IMPRIMERIE DE Ve MOUGIN-RUSAND

Rue Tupin, 16.

1859.

1860

BARREAU DE LYON.

ÉTUDE SUR LES LÉGISTES ET LES AVOCATS
AU XIVe SIÈCLE.

DISCOURS PRONONCÉ LE 21 NOVEMBRE 1859
A LA RENTRÉE DE LA CONFÉRENCE

Par Auguste DUBREUIL, Docteur en droit, Avocat à la Cour Impériale.

Messieurs et chers Confrères,

Mon premier devoir, et c'est là une de ces douces obligations auxquelles on est à la fois impatient et heureux de satisfaire, est de témoigner toute ma gratitude à ceux qui ont bien voulu fixer sur moi, pour cette occasion solennelle, leurs suffrages bienveillants et flatteurs. Vous avez cru, Messieurs, pouvoir oublier à mon profit les droits doublement respectables du mérite et de l'ancienneté; ce n'est pas à moi qu'il appartient, dans tous les cas, de me plaindre d'une faveur inespérée qui m'est faite, et ma reconnaissance n'en sera que plus vive, tout en regrettant pour vous que le poste d'honneur auquel vous m'avez élevé n'ait pas été déféré à de plus vaillants et à de plus dignes. Les brillants exemples de ceux qui m'y ont glorieusement précédé, m'ont appris, en effet, tout ce qu'un pareil choix impose de patientes recherches, de sérieux travail, de rares talents et d'éloquentes lumières. Aussi je craindrais sans doute de succomber devant les dangers et les difficultés de la tâche que vous m'avez confiée, sous le poids et l'éclat des souvenirs qu'elle rappelle, si une pensée rassurante ne venait, suscitée par l'aspect même de ceux qui m'entourent, soutenir ma faiblesse et encourager mon inexpérience : il ne saurait y avoir péril où il y a fraternité.

Les sentiments d'impuissance trop réelle que je viens d'exprimer, ne me permettaient pas, Messieurs, d'aborder devant vous l'un de ces sujets de haute philosophie ou l'une de ces importantes questions législatives qui exigent, pour être efficacement traités ou résolues, la maturité de l'esprit, la plénitude du jugement, en un mot tout ce qu'apportent avec elles les rudes leçons de l'expérience. Mais si ces régions trop élevées sont interdites encore au débutant novice, il est du moins un domaine qui lui est plus spécialement réservé, vaste champ d'explorations précieuses, fertile en richesses de toute nature que le temps accroît chaque jour, je veux parler de l'histoire de notre ordre.

Bien souvent déjà elle a servi de texte, toujours intéressant et inépuisable, aux nombreux discours prononcés à l'inauguration des cours souveraines, ou dans les solennités analogues à celle qui nous réunit aujourd'hui; les esprits privilégiés, s'inspirant à cette source féconde, ont su y puiser de brillantes inspirations et d'admirables paroles; le plus humble de tous y trouvera toujours de nobles exemples et d'utiles enseignements.

Parmi les âges passés, le xvie siècle surtout a été presque constamment le terrain choisi pour ces études générales ou particulières, et je comprends et partage la prédilection qu'on lui a marquée. Le xvie siècle, en effet, Messieurs, c'est l'époque si justement caractérisée sous le nom gracieux de *Renaissance;* c'est comme le printemps de l'histoire succédant aux glaces et aux ténèbres de l'hiver du moyen-âge. On voit alors, sous sa bienfaisante influence, les arts et les sciences, si longtemps assoupis, secouer leur léthargie, germer et fleurir peu à peu, au milieu même des orages politiques, pour s'épanouir bientôt, dans tout leur éclat, au grand soleil du siècle de Louis XIV; et pour ne parler que de ce qui nous concerne, c'est également alors que l'on voit briller les plus grands noms sans contredit dont puissent se glorifier le barreau et la magistrature française : Dumoulin, les deux Hotman, Antoine Faber, les frères Pithou, Guy Coquille, Cujas, Loisel, Etienne Pasquier, Christophe de Thou, Achille de Harlay, Michel de l'Hospital, Barnabé Brisson, et tant d'autres qui seront à jamais entourés par la postérité d'une pieuse vénération. Mais à côté de ce siècle sans égal, au moins dans le passé, et célébré par tant de légitimes hommages, il en est un autre plus obscur et plus ignoré, qui fait d'ailleurs partie de ces temps presque barbares du moyen-âge auxquels je faisais allusion tout-à-l'heure, et qui, pour ce motif, sans doute, n'a jamais paru digne de sortir du silence et de l'oubli auxquels son éloignement de nous semblait déjà le condamner. Deux événements, d'une immense portée cependant, suffiraient à eux seuls pour justifier l'attention que voudraient lui accorder un esprit judicieux ou un cœur libéral : c'est d'abord la création du Parlement, ou plutôt la nouvelle organisation, sous ce nom, de l'ancien Conseil du Roi, du Parlement, ce grand corps politique, dont l'autorité respectée allait désormais servir de contrepoids si utile aux volontés despotiques de nos rois ; c'est, en second lieu, l'introduction, pour la première fois, aux assemblées publiques, sous le nom d'Etats-Généraux, du Tiers-Etat qui n'y paraissait, il est vrai, « qu'à genoux et pour y être taillé à miséricorde et merci » (1), mais qui comptait dès-lors, si petite et si durement achetée que fût sa place, dans la nation française; qui, appelé de ce jour à la vie intelligente et libre, allait grandir lentement, comme certains enfants du peuple croissent au milieu des souffrances, des humiliations et des coups, jusqu'à cet autre jour où devenu robuste et fort, il demanderait un compte terrible à ses oppresseurs des impôts de tout genre, impôt d'argent, impôt de sang, impôt de déshonneur sous lesquels on le laissait en vain gémir depuis des siècles ; qui, en un mot, débutait, il faut bien le dire, en esclave avili, mais devait, 1789 venu, se relever en souverain, en souverain cruellement avide de représailles, de vengeance et de mort. Indiquer ces deux événements, c'est vous dire, Messieurs, qu'il s'agit ici du

---

(1) M. Thiers. Révolution française, tome 1, page 2.

XIVe siècle. Mais, en dehors de ces deux grands faits historiques, intéressants même pour nous, puisqu'ils furent provoqués par l'influence des légistes et des avocats, le XIVe siècle se recommande à un autre titre à l'examen et à l'étude de celui qui veut connaître l'histoire de notre ordre; il en représente, en effet, comme le berceau et la première origine. Ce n'est pas qu'il n'y eût déjà depuis longtemps en France des avocats. La Gaule, soumise à la domination de Rome, après tant d'héroïques efforts pour garder sa liberté, avait, du moins, de bonne heure, disputé victorieusement à cette reine des arts dégénérée le sceptre de l'éloquence, et mérité d'être appelée avec raison par Juvénal : *nutricula causidicorum*, mère nourricière des avocats. Mais si de nombreux documents (1) attestent leur existence comme bien antérieure au XIVe siècle, et n'ayant même probablement jamais cessé sous les plus mauvais jours des deux premières races, il est certain que jusqu'à cette époque ils vivaient dispersés dans les différentes villes du royaume, sans aucun des liens de cette solidarité morale qui nous unit si étroitement aujourd'hui,

---

(1) Voyez notamment les capitulaires de Charlemagne, dont l'un d'eux exige, pour entrer dans cette profession, des hommes doux et pacifiques, versés dans la connaissance des lois, et pénétrés de l'amour de la justice : *legem scientes et justitiam diligentes et mansueti*, les Etablissements de saint Louis qui consacrent aux avocats un chapitre spécial, et les canons du Concile tenu à Lyon, le 7 mai 1274, qui leur fit l'honneur insigne d'employer une de ses sessions à régler le taux de leurs honoraires.

jurisconsultes nomades et ambulants comme les parlements eux-mêmes, qu'ils suivaient dans le cours de leurs incessantes pérégrinations. C'est au XIVe siècle seulement, alors que le Parlement reçut une constitution fixe et régulière, qu'ils s'attachèrent, comme toujours, à sa destinée, se réunirent en corps, et que l'on vit se former désormais cet ordre que d'Aguesseau devait plus tard reconnaître comme « aussi ancien que la magistrature, aussi noble que la vertu, aussi nécessaire que la justice, et qui, dans cet assujettissement presque général de toutes les conditions (c'est encore l'illustre magistrat qui parle), se maintient toujours, seul entre tous les états, dans l'heureuse et paisible possession de son indépendance (1). »

Ce sont, Messieurs, les débuts et les commencements de cet ordre que je me propose d'étudier rapidement avec vous. Retracer, dans une courte analyse, l'influence exercée par les avocats au XIVe siècle, et les événements politiques auxquels ils se trouvèrent mêlés ; vous faire connaître et placer dans le même cadre les principales physionomies de l'époque, dont les traits sont malheureusement à demi effacés par les ravages du temps : tel est le but de ce qui va suivre. Il m'a semblé qu'il y avait là comme une salle abandonnée de la galerie de nos ancêtres, dans laquelle l'air et la lumière n'ont pas pénétré de longtemps, et qu'il paraît juste de parcourir pieusement comme les au-

(1) Discours sur l'indépend. de l'avocat, prononcé par d'Aguesseau, en 1698.

tres, dût-on n'avoir pour guide, dans ses détours obscurs, que la lueur tremblante, incertaine, souvent interrompue des traditions qui nous en sont restées.

Je viens de parler, Messieurs, d'événements politiques à propos de l'histoire de notre ordre, et comme s'y trouvant intimément unis. Un pareil rapprochement semblerait étrange de nos jours; autrefois il paraissait naturel et légitime. Les avocats, en effet, étaient, au XIVe siècle, dépositaires exclusifs, avec le clergé, du peu de lumières répandues dans le royaume; comme tels ils étaient fréquemment appelés au conseil du roi, et consultés sur toutes les affaires politiques. Aussi les noms des avocats se trouvent-ils attachés à toutes les vicissitudes de la monarchie; et c'est une nécessité absolue, nécessité dont les dangers seront d'ailleurs, je l'espère, singulièrement affaiblis à une pareille distance de nos contemporains, et dont j'abuserai le moins possible, c'est une nécessité, dis-je, d'empiéter sur les droits de l'historien pour suivre les avocats du XIVe siècle sur le seul terrain où ils puissent nous être connus et révélés.

Pour apprécier à sa juste valeur le rôle qu'ils jouèrent alors, il importe, Messieurs, de se rendre compte d'abord de la nature du milieu dans lequel ils vivaient, et de jeter un coup d'œil préalable sur ce XIVe siècle où nous entrons avec eux; car ce n'est pas en nous plaçant à la hauteur de notre civilisation et de nos idées modernes, que nous pouvons les juger sainement, mais en descendant à leur niveau, en nous abaissant au triste degré de lumière et de liberté qui régnaient alors.

S'il faut en croire le philosophe sceptique par excellence, l'histoire ne serait qu'un ramas de crimes, de folies et de malheurs, parmi lesquels on voit quelques vertus, quelques temps heureux comme on découvre des habitants répandus çà et là dans des déserts sauvages (1). Certes, si cette maxime désespérante devait être adoptée pour vraie, spécialisée elle semblerait faite à dessein pour le siècle particulier qui nous occupe en ce moment. Il est impossible, en effet, de trouver plus d'ignorance, plus d'aveuglement, plus de superstition, plus de barbarie et de corruption réunis. Et cependant nous sommes déjà au XIVe siècle ! et cependant le règne de saint Louis vient de luire sur la France, lui apportant, dans une certaine mesure, les bienfaits inconnus jusqu'alors de la justice et du droit; mais tout a disparu avec ce prince sans égal, devant lequel Voltaire lui-même s'est respectueusement incliné, en disant : « Il n'est pas donné à l'homme de pousser plus loin la vertu. »

Ignorance, aveuglement, superstition, barbarie et corruption, ai-je dit, tel est le partage du XIVe siècle. En voulez-vous des preuves? Elles ne sont que trop abondantes.

S'il s'agit de science, parcourez les livres des savants de l'époque, le Traité d'Encyclopédie de Barthélemy Glaunvill et de Pierre Bercheure, par exemple (2); ouvrez les

---

(1) Voltaire. Essai sur les mœurs, chapitre 211.

(2) Ces deux auteurs nous apprendront, par exemple, que les crapauds sont muets, et qu'ils ne rendent un petit son que dans les Gaules, et les deux savants ajoutent (qui se serait attendu à cette compa-

Chroniques de Froissart (1), le premier de nos historiens qui sait écrire, vous y lirez, racontées de la meilleure foi du monde, au milieu des détails les plus sérieux ou des épisodes les plus grandioses, des fables absurdes et ridicules crues, sur de telles autorités, comme préceptes d'évangile. Voilà la science du temps!

La morale, Messieurs, n'était pas plus en faveur que la science, et malheureusement ceux qui, par devoir religieux,

---

raison?) que les Français étaient de même, qu'ils parlaient beaucoup dans leur pays, et qu'ailleurs ils étaient muets. Barthélemy Glaunvill et Pierre Bercheure constatent, dans un autre endroit, que les grenouilles d'Orange ne coassent pas, à la réserve d'une seule qui jouit de cette faculté. Ce conte est appuyé sur ce que saint Florent, évêque de cette ville, étant incommodé du bruit de ces animaux, leur imposa silence, et qu'ensuite, touché de compassion, il leur permit de le rompre. Mais le clergé chargé de lever la défense prononça malheureusement *canta* au lieu de *cantate*, chante au lieu de chantez : une seule grenouille coassa. (Réduct. Berch., livre 10, chap. 14, et livre 14, chap. 66.)

(1) C'est ainsi que Froissart prend soin de décrire, avec de minutieux détails, comment le comte de Foix était instruit de tout ce qui se passait en pays étranger, grâce à un certain sire de Corasse qui avait lui-même à ses ordres un esprit malin nommé Orton; comment cet Orton était d'abord au service d'un clerc de Catalogne, auquel le sire de Corasse disputait quelques dîmes de son église, et venait, pour le compte de ce clerc, briser la vaisselle du sire de Corasse; comment Orton s'était déguisé en deux fétus de paille, puis était apparu sous la forme d'une truie maigre, sur laquelle le sire de Corasse avait lâché ses chiens, etc. (Villem. Histoire de la littérature au moyen-âge, tome 2, page 142.)

auraient dû donner l'exemple de la chasteté et de la vertu, étaient au contraire les premiers à afficher le désordre le plus scandaleux : c'est là un fait que n'attestent que trop la fréquente convocation des conciles, dans un but de sage réforme, l'apparition prochaine de Luther et de Calvin, dont la voix éloquente remua l'Europe entière, et enfin les témoignages les plus graves et les plus dignes de foi parmi les auteurs anciens ou modernes (1).

Ignorance et corruption des mœurs, sont-ce là, Messieurs, les deux seules plaies sociales au XIVe siècle ? leur énumération commence à peine.

Vous ai-je dit comment le clergé s'était immiscé dans toutes les parties de l'administration, comment il évoquait devant ses tribunaux tous les litiges, et cela sous le prétexte ingénieux que dans tout procès il y avait forcément injustice du côté de l'un ou de l'autre des deux plaideurs, que, dès lors, il y avait péché, et que tout péché relevait nécessairement de la juridiction ecclésiastique (2); théorie commode, qui avait pour principal but, c'est l'évêque d'Autun, le défenseur même du clergé, qui vous l'avouera implicitement tout-à-l'heure, d'accroître leurs richesses en joignant à leurs immenses revenus ce que l'évêque appelle *les émo-*

---

(1) Voyez notamment Histoire de France, de l'abbé Velly, tome 3, pages 240, 283, 284 et 285; Histoire ecclésiastique de l'abbé Fleury, tome 19, pages 22 et 23, et tome 15, pages 200 et 207; Châteaubriand, Discours historiques, tome 3, pages 418 et suivantes.

(2) Histoire ecclésiast. de l'abbé Fleury, tome 19, pages 22 et 23.

luments de la justice? Vous ai-je dit comment les seigneurs du moyen-âge avaient imaginé, pour punir celui qui était mort subitement ou déconfès, de confisquer tous ses biens à leur profit, tandis que l'église, plus généreuse, ne réclamait, dans tous les cas, que la vingtième partie de la succession (1)? Vous ai-je parlé du luxe et de la profusion inouïs dus à ces sources impures que déployaient les grands et les prélats, alors que le peuple dépouillé mourait de dénûment et de misère, luxe devenu si excessif que Philippe-le-Bel jugea obligatoire, en 1294, d'édicter une loi somptuaire pour y mettre un terme (2)? Vous ai-je signalé le

(1) Discours histor., tome 3, page 391. Les Etablissements de saint Louis avaient cependant supprimé la confiscation au cas où le déconfès était mort sans avoir eu le temps de se reconnaître.

(2) Cette loi curieuse, d'une application d'ailleurs impossible, est trop étendue pour que je puisse l'intercaler ici; je me bornerai à en citer la première disposition ainsi conçue : « Nul ne donnera au grand mangier (au souper qui était alors le grand repas, comme chez les Romains), que deux mets et un potage au lard, sans fraude; et au petit mangier (au dîner), un mets et un entremets. S'il est jeûne, il pourra donner deux potages aux harengs et deux mets, ou bien un potage et trois mets, jamais plus de quatre plats pour les jours de jeûne, jamais plus de trois plats pour les jours ordinaires. » Cette loi prévoyante ajoute « qu'on ne pourra mettre en aucune écuelle qu'une manière de chair, une pièce tant seulement, ou une manière de poisson; le fromage ne sera pas compté comme mets, s'il n'est en pâte ou cuit en eau. » Les autres dispositions règlent, suivant la qualité de chacun, le nombre des vêtements qu'il pourra acheter ou dont il pourra faire cadeau, la quantité d'aunes et le prix de l'étoffe de chacun de ces vêtements : un cinquième d'ampleur est accordé aux femmes de plus qu'aux hommes, modeste supplément dont il leur serait difficile aujourd'hui de se contenter.

nombre scandaleux des excommunications qui, s'il faut en croire ce que rapporte l'abbé Fleury (1), s'élevaient jusqu'à 700 dans certaines paroisses, ce qui provenait de l'habitude qu'avaient prise les gens d'église de stipuler, dans tous leurs contrats de prêt ou autres, que si le débiteur n'avait pas satisfait à ses engagements, après sommation, il encourrait de droit et par le fait même une sentence d'excommunication (2)? Vous ai-je dit que les bénéfices se vendaient au plus offrant, qu'un enfant de cinq ans fut fait archevêque de Rheims, et que le siége de Narbonne fut acheté par un autre âgé de dix ans (3)? Vous ai-je dépeint les exactions sans nombre qui accablaient le peuple à l'envi, de la part du roi, des grands et même du pape? Ai-je ajouté à tout cela l'altération des monnaies, ce moyen facile d'appauvrir la nation pour enrichir le trésor royal, qui, l'expérience faite, ne fut plus oublié, mais qui n'a jamais été mis en œuvre avec autant d'audace que sous Philippe-le-Bel; l'état barbare de notre législation criminelle, le sanglant usage du combat judiciaire, que les Etablissements de saint Louis n'avaient osé proscrire que dans un nombre de cas malheureusement trop restreints, l'application journalière des tortures de la question, qui dépassaient ce qu'on peut rêver de plus

---

(1) Histoire ecclésiastique, tome 15, page 200.

(2) Cette clause, appelée clause satisfactoire, était devenue de style, et c'est contre elle que Pierre Pithou s'élève avec tant de raison dans son 35e article des libertés de l'église de France.

(3) Vaissette. Histoire du Languedoc, tome 2, page 252.

atroce, la cruauté inouïe et si peu proportionnée des peines qui étaient alors en vigueur, c'est-à-dire, le feu pour les hérétiques, initiative, disait-on, de la punition qui les attendait en l'autre monde, la potence pour les voleurs de grand chemin, l'essorillement (arrachement des oreilles), et, en cas de récidive, l'amputation des pieds et des mains pour les filous vulgaires, l'enfouissement vif pour la femme qui avait dérobé des chevaux dans les pâturages (1), et tant d'autres supplices dont l'énumération serait trop longue?

Je m'arrête, Messieurs; je ne sais si vous partagez le sentiment qui m'anime. En présence de pareilles mœurs et d'un pareil droit, l'esprit s'étonne et le cœur se serre; on se demande aujourd'hui que nos pères nous ont acquis, au prix douloureux de tant de sacrifices humains, le respect des droits de tous devant l'égalité de la loi, aujourd'hui que le code sacré de nos libertés privées est placé sous l'égide et la garde incorruptible d'une magistrature sans égale dans les autres pays, aujourd'hui que le clergé de France, rentré dans les limites spirituelles qu'il ne devrait peut-être jamais franchir, nous donne presque toujours, abstraction faite de ce qu'il restera forcément d'humain dans sa nature, l'exemple des vertus qu'il enseigne du haut de la chaire, aujourd'hui enfin que notre législation criminelle est marquée au sceau désormais ineffaçable de la raison et de l'humanité, on se demande, dis-je, quels que soient les repro-

(1) Cela fut pratiqué sous le règne même de Louis XI, à l'égard d'une certaine Perrette Mauger.

ches qu'on puisse encore adresser à l'ère contemporaine, sous d'autres points de vue, s'il est bien vrai qu'un XIVe siècle ait pu exister tel que je viens de le décrire, ou s'il n'y a pas au contraire, dans tous ces détails, un rêve et une fiction impossibles; que la voix inexorable de l'histoire réponde, Messieurs, à cette interrogation, et le doute devra se taire et s'incliner. Lisez nos anciens chroniqueurs, parcourez, si vous en avez le temps et le courage, les vingt-deux mille vers du roman de la Rose, cette satirique mais fidèle reproduction des vices de l'époque, ouvrez même les discours historiques de Châteaubriand (1), vous serez alors obligés de convenir que les couleurs du tableau que j'ai tracé n'ont rien de trop sombre, et que chacun des traits qui le composent est malheureusement calqué sur une effrayante et monstrueuse réalité.

Vous connaissez maintenant sur quelles bases iniques reposait l'édifice social au XIVe siècle. Il me reste à vous montrer à l'œuvre de sa démolition les jurisconsultes et les avocats du temps. Certes la tâche que leur réservaient les circonstances était noble et belle, faite pour séduire l'ambition et flatter le dévouement des intelligences et des cœurs d'élite : que d'abus à détruire, que de maux à réparer, que de misères à adoucir, que de sages institutions à fonder! Unité de la loi, égalité devant la loi, tel devait être en résumé le double but de leurs courageux efforts. Marchèrent-ils d'un pas également ferme à la réalisation de ces

(1) Discours historiques, tome 3, pages 418 et suivantes.

deux précieuses conquêtes? Comprirent-ils toute l'étendue de la mission libératrice qu'ils avaient à remplir? Se préoccupèrent-ils autant, en un mot, des libertés et des souffrances publiques que des priviléges et des périls de la couronne en détresse? Non, Messieurs, et l'histoire, l'histoire impartiale et sevère, leur reprochera toujours d'avoir trop oublié la cause du peuple pour trop servir celle des rois.

Mais ne soyons pour cela ni injustes ni ingrats envers eux; tenons leur largement compte du temps d'ignorance et d'oppression dans lequel ils ont vécu, de l'atmosphère corrompue qu'ils respiraient en naissant. L'unité de la loi, ce premier don de la civilisation moderne, ils la cherchèrent et la poursuivirent avec ardeur; l'unité de la loi, c'est, avant tout, en effet, l'unité de juridiction. Et ne verrez-vous pas, grâce à eux, la distinction entre les deux puissances temporelle et spirituelle nettement dessinée et établie, les empiétements de la cour de Rome réprimés, au moins pour un temps, la juridiction ecclésiastique qui, peu à peu, avait absorbé toutes les affaires civiles, restreinte dans des limites de plus en plus étroites, les justices féodales, déjà délaissées, renversées et détruites, le Parlement constitué; et ne sont-ce pas là autant de pas faits vers l'unité de la juridiction, vers l'unité de la loi?

Restait, il est vrai, l'égalité devant la loi, ce second bienfait dont nous a également dotés le progrès social. Mais ce principe audacieux était encore trop peu en harmonie avec l'état d'une société qui venait à peine de s'affranchir des liens du servage, pour qu'il fût sérieusement question de le préconiser et de le mettre en pratique, et cependant nos pères ne l'avaient-ils pas entrevu au XIVe siècle, lorsque, sous leur influence, Philippe-le-Bel appelait aux assemblées publiques le Tiers-Etat à côté du Clergé et de la Noblesse, ou que les trois ordres assemblés sous Jean II pour recevoir des demandes de troupes et d'argent de la part du roi, décrétaient solennellement que l'unanimité des trois ordres était nécessaire pour toute proposition?

Honneur donc, Messieurs, malgré les nombreuses imperfections de leur tâche, honneur à ceux qui nous ont précédé, honneur à ces ouvriers infatigables de la civilisation et du progrès, qui nous ont ouvert, au prix de fatigues sans nombre, et quelquefois nous ont tracé avec leur sang, la voie de la justice et de la vérité. Sans doute leurs efforts n'auront pas réussi à abattre de suite ce monde pourri de vices et rongé d'abus; mais, du moins, le travail de démolition est commencé désormais; sous leurs coups redoublés, quelques pierres chancelantes de l'édifice se sont détachées, quelques vieux abus ont déjà croulé; ils lègueront à leurs successeurs la tâche qui reste, et un jour, à un moment inattendu, une violente et suprême secousse se fera sentir; c'est la tempête révolutionnaire de 1789 qui éclate sur la France, et qui entraîne avec elle, dans le gouffre béant du passé, cet amas informe d'institutions décrépites et de priviléges surannés; et alors, quand la poussière sanglante que soulève toute destruction se sera dissipée, à la place de l'ancien édifice, et sur ses ruines, on verra s'élever un édifice nouveau, éclairé par le soleil naissant de la liberté, et dont les assises inébranlables seront désormais l'unité de la loi, l'égalité devant la loi.

Une arme, une seule aura suffi, entre les mains des jurisconsultes et des avocats, pour accomplir ou aider à accomplir ces grandes choses; c'est le droit, arme irrésistible, que les siècles n'émoussent pas, et contre laquelle finit par se briser tôt ou tard le fer de la plus solide tyrannie.

Revenons à la France du XIVe siècle, à l'histoire des jurisconsultes et des avocats de l'époque, aux événements politiques auxquels ils se trouvèrent nécessairement mêlés.

Une lutte mémorable, vous le savez, Messieurs, ouvre le XIVe siècle, et doit nous arrêter sur le seuil même. Deux adversaires, également redoutables à cette époque, sont en présence : la papauté et la royauté, Boniface VIII et Philippe-le-Bel. L'enjeu est grave et terrible; pour le roi, ce sont le sort et l'hérédité de sa couronne; pour la France, ce sont son indépendance même et sa vie politique qui sont mises en question. Certes s'il s'agissait d'une de ces guerres ordinaires qui ne demandent que des soldats et de la valeur, Philippe-le-Bel ferait appel à sa brillante noblesse, rangerait autour d'elle les solides milices des communes toujours prêtes à oublier, en face de l'ennemi, leurs justes ressentiments contre le roi, et se jetterait lui-même bravement au milieu de la mêlée, comme sut toujours le faire un fils de France, avec cette énergie impétueuse qui donne la mort ou la victoire. Mais les circonstances ne comportaient ici ni ce déploiement de forces militaires, ni le genre de courage qui les anime. Il fallait combattre, sans doute, pour échapper à l'oppression qui menaçait la patrie commune, mais il fallait combattre avec des principes et des idées, avec les armes de la science et du droit, armes nouvelles que ne savaient manier ni les chevaliers de la noblesse, ni les soldats du peuple. Le courage militaire n'était pas utile, mais à celui-ci il fallait en substituer un autre que Cicéron regarde avec raison comme ne lui étant pas inférieur, le courage civil; ne s'agissait-il pas de lutter, avec respect, mais avec fermeté, contre le pouvoir pontifical entouré alors de tout son prestige religieux, de fouler aux pieds les préjugés et les terreurs vulgaires, de braver intrépidement les foudres inévitables de la cour de Rome, qui produisaient encore de si funestes effets contre celui qui en était frappé, tout cela pour défendre, sans appui certain, avec la perspective d'être peut-être un jour sacrifiés comme victimes expiatoires, ce qu'on croyait être, ce qui était, en effet, la sainte cause de la justice et de la liberté. Heureusement pour le salut de la royauté et surtout pour celui de la France, dont les intérêts et le drapeau étaient les mêmes en cette occasion, les légistes et les avocats veillaient à la défense de tous; dès le premier signal ils se rallièrent autour du trône attaqué, apportant avec empressement au roi comme à la nation le secours de leurs lumières, de leurs talents et de leur autorité.

Il ne peut entrer, Messieurs, dans ma pensée, vous le comprenez, de vous faire assister pas à pas à toutes les phases de ce grand drame du moyen-âge tant de fois raconté, et toujours diversement apprécié. Je n'insisterai que le moins possible et sur les seuls détails nécessaires pour vous exposer la part active qu'y prirent les légistes et les avocats.

De graves dissentiments s'étaient déjà manifestés, avant le commencement du XIVe siècle, entre Boniface VIII et Philippe-le-Bel, ces deux souverains également irascibles et opiniâtres (1), au sujet d'un impôt que voulait prélever le roi sur le clergé, l'ordre le plus riche de l'état. Déjà Boniface VIII avait lancé contre le roi deux bulles d'excommunication; déjà Philippe-le-Bel y avait répondu, sur les conseils des légistes, Pierre Flotte, Guillaume de Nogaret et de Plasian, par deux ordonnances hostiles à la cour de Rome, et tout semblait annoncer l'approche d'un choc violent et d'une lutte décisive, lorsqu'une guerre civile qui éclatait en Italie, dans les états même de l'église, vint, par une puissante diversion, détourner vers un autre but les colères de Boniface VIII. De mutuelles concessions, faites par le pape et par le roi, mirent fin à tous dissentiments, et la réconciliation parut complète entre les deux adversaires. Tel était l'état des choses à l'ouverture du XIVe siècle.

Ce calme ne fut pas de longue durée. « Il y avait là,

---

(1) « Plein d'arrogance et de présomption, dit le père Daniel, en parlant de Boniface VIII, il n'estimait que lui et n'avait nul égard pour ce qu'avaient fait ses prédécesseurs. » — « Violent et impétueux, dit à son tour Etienne Pasquier (Recherches, tome 1, page 229), il fut un aussi grand remueur de ménages que Grégoire VII. » Quant à la réputation de Philippe-le-Bel, au même point de vue, elle est trop bien établie pour être contestée de personne.

comme le dit avec raison Michelet, une guerre d'idées, non de personnes, de nécessité, non de volonté. » De nouveaux empiétements du roi sur les droits de l'église ne tardèrent pas à rallumer un ressentiment mal éteint. Boniface VIII envoya alors auprès de Philippe, en qualité de légat, Bernard de Saisset, évêque de Pamiers, homme fougueux et emporté, dit l'histoire, qui insulte le roi en pleine audience, et est bientôt arrêté comme coupable de haute trahison. Bernard de Saisset n'avait donné que trop de prise, s'il faut en croire Henri Martin (1), à cette arrestation, par ses propos violents (2) et ses absurdes projets d'affranchissement du Languedoc de la domination française au profit du comte de Foix ou du comte de Comminges. Le Parlement s'assembla à Senlis pour le juger. Ce fut un des légistes, d'abord avocat, puis devenu chancelier, Pierre Flotte, que Châteaubriand, dans ses discours historiques (3), place trop facilement peut-être sur la même ligne que les l'Hospital, les de Thou, les Harlay et les d'Aguesseau, qui fut chargé de soutenir l'accusation. Les preuves abondaient. Les dépositions des comtes de Foix et de Comminges eux-mêmes, celles des évêques du Languedoc, de Toulouse, de Béziers,

---

(1) Histoire de France, tome 1, page 424.

(2) « Il disait tout haut que la race royale méritait de finir et finirait avec Philippe le quatrième, que c'était un roi d'iniquité, un faux monnayeur, qu'il n'était ni un homme ni une bête, mais une image, rien de plus, que son argent n'était que de l'ordure, etc. » (Dupuy, pr. du diff., page 65.)

(3) Discours historiques, tome 3, page 330.

de Maguelonne, ne laissaient pas de doutes sur la culpabilité de Bernard de Saisset, qui ne répondait que par d'impuissantes dénégations. L'éloquence de Pierre Flotte triompha sans peine. Mais avant que la justice séculière pût sévir, il fallait que l'évêque de Pamiers fût dégradé canoniquement. L'archevêque de Narbonne, son métropolitain, refusa de le faire sans l'autorisation du pape. Le chancelier Pierre Flotte reçut alors la difficile mission d'aller à Rome chercher cette autorisation. Un autre ambassadeur, légiste comme lui, lui fut adjoint ; c'était Guillaume de Nogaret, né à Caraman, en Lauraguais, d'abord professeur en droit à Montpellier, puis juge-mage de Nismes, enfin avocat pendant six ans à Paris, où il avait su mériter les faveurs et la confiance de Philippe-le-Bel. Les deux légistes, malgré leur habileté, échouèrent dans leurs efforts. Une scène violente précéda même leur départ : « Mon pouvoir, s'était écrié Boniface, le pouvoir spirituel embrasse le temporel et le renferme ! » — « Soit, répliqua Pierre Flotte, mais votre pouvoir est verbal, celui du roi est réel (1). » La seule réponse que fit Boniface VIII à l'ambassade, fut de lancer contre le roi trois nouvelles bulles, dont la dernière est celle connue sous le nom de bulle *Ausculta fili*.

Les circonstances devenaient critiques ; avocats et légistes, Pierre Flotte, Nogaret, Guillaume de Plasian, les deux frères le Portier de Marigny, se réunirent à la hâte en grand conseil auprès du roi pour délibérer. Abandonner l'affaire de

(1) Dupuy, pr. du diff., page 11.

Bernard de Saisset, premier motif de la querelle entre Boniface VIII et Philippe, concentrer toute la résistance sur les prétentions du pape à la suprématie temporelle, essayer, comme on le fait d'un remède suprême et nouveau, dans les cas désespérés, d'un appel à une grande manifestation nationale en faveur de la cause soutenue par la royauté, tel fut le parti proposé, discuté, adopté par les légistes. Il fut exécuté à la lettre, et devait réussir au-delà de toutes espérances. Bernard de Saisset fut mis en liberté et partit avec le légat du pape ; la bulle *Ausculta fili* fut brûlée publiquement à Paris, en présence d'un nombreux concours de spectateurs, et les trois Etats de France convoqués à Notre-Dame de Paris pour le 10 avril 1302. C'était la première fois, Messieurs, que les députés de la bourgeoisie, du tiers-état étaient appelés à se réunir aux deux autres ordres pour prendre connaissance, en assemblée publique, des affaires du royaume : grand fait historique, dû à la glorieuse influence de nos pères, qui marque la première apparition de nos libertés politiques, et peut être justement considéré « comme l'acte de naissance de la nation française. »

Sur ces entrefaites paraissait en France une autre bulle adressée au roi personnellement (connue depuis sous le nom de petite bulle), où les prétentions de la cour de Rome étaient exposées dans les termes les plus laconiques et les plus injurieux. Il est nécessaire de vous faire connaître sa teneur. Elle était ainsi conçue :

« Boniface, évêque, serviteur des serviteurs de Dieu ;

« A Philippe, roi de France.

« Craignez le Seigneur, et gardez ses commandements.

« Nous voulons que vous sachiez que vous nous êtes sou-« mis dans le temporel comme dans le spirituel ; que la colla-« tion des bénéfices et des prébendes ne vous appartient en « aucune manière ; que si vous avez la garde des églises « pendant la vacance, c'est pour en réserver les fruits à « ceux qui seront élus.

« Si vous avez conféré quelques bénéfices, nous décla-« rons cette collation nulle pour le droit et pour le fait ; nous « révoquons tout ce qui s'est passé en ce genre ; ceux qui le « croiront hautement sont déclarés *hérétiques*. »

Cette petite bulle, si singulière de langage, émanait-elle directement de Boniface, comme l'ont cru un certain nombre d'auteurs (1) ; n'était-elle, au contraire, qu'un résumé de la bulle *Ausculta fili*, dressé, sous cette forme blessante, par les conseillers du roi, et où ils avaient soigneusement supprimé ce qui était relatif aux exactions de Philippe-le-Bel, comme l'ont prétendu d'autres historiens ? Je ne me permettrai pas de résoudre la question. Ce qu'il y a de certain, c'est que, feinte ou véritable, le chancelier Pierre Flotte jugea nécessaire de ne pas la laisser sans réponse ; il chargea d'y pourvoir Pierre de Bosco ou Dubois, avocat du roi au

(1) Anc. chron. de St-Denis, vol. 2, chap. 42, 43 et 53. — Nicol. Gilles, feuil. 129. — Glose du droit canon, in conc. gener. Const. de elect., in-6. — Pr. du diff., p. 190 et 191. — Vill., l. 8, c. 62 et 63. — Consult. de Pierre de Bosco (registre C, p. 1). — Anciens manusc. de la biblioth. de St-Germain-des-Prés, n. 394 et 1086.

bailliage de Coutances, et procureur de l'Université au même lieu. Pierre de Cugnières, jeune avocat plein de mérite et d'avenir, qui devait, plus tard, soutenir brillamment la cause du roi et des barons contre le clergé, aurait, suivant Loisel, rédigé, de concert avec Pierre Dubois, la réponse dont il s'agit, et ce serait lui que le greffier du Tillet aurait voulu désigner sous cette qualification de personnage de grande littérature légale qu'il emploie à l'égard du collaborateur inconnu de Pierre de Bosco. Les deux avocats, conformément aux instructions du chancelier, lui rapportèrent bientôt une parodie de la petite bulle conçue dans des termes plus inconvenants et plus grossiers encore. Elle s'exprimait ainsi :

« Philippe, par la grâce de Dieu, roi des Français,

« A Boniface, prétendu pape, peu ou point de salut.

« Que votre grande folie sache que nous ne sommes « soumis à personne pour le temporel; que la collation des « bénéfices, les siéges vacants nous appartiennent par le « droit de notre couronne; que les revenus qui vaquent en « régale sont à nous; que les provisions que nous en avons « données et que nous donnerons sont valides pour le passé « et pour l'avenir; que nous maintiendrons de tout notre « pouvoir ceux que nous avons pourvus et que nous pour- « voirons. Ceux qui pensent autrement, nous les tenons « pour fous et insensés. »

Cettre lettre, dont l'insolence serait inexcusable, même comme réponse à la petite bulle, si elle avait dû être réellement adressée au souverain pontife, remplissait le but que se proposait le chancelier; c'était de déconsidérer et d'avilir, aux yeux du peuple, le pouvoir pontifical, ou tout au moins le pape Boniface VIII. En même temps les légistes s'empressaient de répandre dans le public de nombreux écrits, des mémoires et des consultations, où ils défendaient avec ardeur l'indépendance temporelle du royaume. Ces divers écrits, documents curieux, sans doute, des idées et du style de l'époque, ne nous sont malheureusement pas parvenus; il ne nous en est resté qu'un seul déposé au trésor de Chartres, intitulé : « Consultation de maître Pierre de Bosco ou Dubois (c'est le rédacteur de la réponse qui précède), avocat du roi à Coutances, et procureur de l'Université au même lieu, contre une lettre du pape romain, qui commence par ces mots : *Scire te volumus, etc.* »

Le jurisconsulte termine sa discussion par cet avis :

« Que sur cette bulle le pape est et doit être réputé *hérétique*, s'il ne s'en repent publiquement et n'en fait satisfaction au roi, attendu qu'il veut lui ravir la plus belle prérogative de sa couronne, qui est de n'être soumis à personne et de commander à tout le royaume, sans crainte d'aucune correction humaine, *sine reprehensionis humanæ timore.* » Ces derniers mots, qui n'étaient, du reste, que la reproduction de la maxime légale insérée dans les Etablissements de saint Louis : *le roy ne tient de nulluy fors de Dieu et de luy* (1), avaient pour résultat de substituer simplement l'absolutisme royal à l'absolutisme papal ; ce n'était qu'un échange de servitudes pour la France.

(1) Etabliss., liv. 1, ch. 78, et liv. 3, ch. 13 et 19.

Ce fut dans ces circonstances que s'ouvrirent les Etats-Généraux au jour indiqué. Les esprits, déjà irrités par la lecture des divers documents que je viens de citer, furent encore enflammés davantage par l'éloquence de Pierre Flotte, qui prit la parole le premier, en sa qualité de chancelier. Il dépeignit avec force les empiétements sans cesse renouvelés de la cour de Rome sur les priviléges et les libertés de l'église et du royaume de France, promit d'ailleurs, au nom du roi, de réformer les abus dont pouvaient se plaindre les gens d'église de la part des officiers de la couronne, et fit surtout chaleureusement appel aux sentiments d'un juste amour-propre national qui s'indignait à la seule pensée « de voir réduit en vasselage le très noble royaume de France, lequel n'avait jamais relevé que de Dieu (1). » Ce langage noble et habile trouva un écho unanime; la voix de la France entière s'éleva par celle de ses trois ordres pour protester solennellement contre la servitude dont le menaçaient les bulles de Boniface VIII. Les Etats-Généraux furent dissous immédiatement; leur intervention s'arrêtait où cessaient les besoins royaux.

Boniface, « d'abord étonné et étourdi de ce rude coup », se relève bientôt plus hardi et plus opiniâtre que jamais. Après avoir tenu à Rome un consistoire dans lequel il exhale contre Pierre Flotte les plus violentes récriminations, l'appelle « nouvel architopel, homme du diable, hérétique, homme pétri de noirceurs, démon qui perd le roi et le royaume,

(1) Henri Martin. Hist. de Fr., t. 4, p. 431.

monstre pervers, ennemi de tout bien, qui a pour satellites le comte d'Artois, le comte de St-Paul et autres gens du même caractère, » et va même jusqu'à menacer de châtier le roi, bien qu'avec grand déplaisir, « *sicut unum garcionem*, comme un petit garçon (1) », il réunit à Rome le concile annoncé pour le 1er novembre, par la bulle *Ausculta fili*. La fameuse bulle *unam sanctam* est le fruit de ce concile. Boniface VIII y expose ses doctrines avec plus d'audacieuse netteté qu'il ne l'avait encore fait (2).

Philippe-le-Bel, qui avait perdu le plus habile de ses conseillers, Pierre Flotte, tué glorieusement à la bataille de Courtrai, parut un instant faiblir à son tour; mais, sur les instances du chancelier de Nogaret, le successeur de Pierre Flotte, et de ses légistes, il reprit courage, et, cette fois engagea avec Boniface VIII « un duel à mort. » Le 12 mars 1302, il réunit au Louvre une assemblée de prélats et de barons, à laquelle Nogaret fut chargé de présenter une requête foudroyante contre le pape. Nogaret débuta par

---

(1) Dupuy. Preuves, p. 78.

(2) L'église est un seul corps et une seule tête; elle a à sa disposition deux glaives, l'un spirituel, l'autre temporel.....; le premier est dans les mains du suprême pontife, et l'autre dans celles des rois et des guerriers, pour être employé *avec sa permission et suivant sa volonté*. Il faut que le glaive soit sous le glaive, et que l'autorité temporelle soit subordonnée à la puissance spirituelle. La puissance spirituelle doit instituer et juger la temporelle, mais c'est Dieu seul qui juge la souveraine puissance spirituelle..... La soumission de toute créature humaine au siége de Rome est un article de foi nécessaire. (Dupuy. Preuves, p. 92.)

rappeler « l'exemple de Balaam, averti par une bête qui, prenant la voix humaine, proclama la folie du faux prophète; il ajouta qu'il venait, ainsi que la bête dont il s'agit, dénoncer à l'indignation publique la conduite de Boniface, ce maître de mensonges, qui se fait appeler Boniface (*bonum faciens*), quoique n'ayant jamais fait que le mal. » Il développa successivement les propositions suivantes : « 1° Boniface VIII n'est pas pape, il occupe injustement le siége, et il y est entré par de mauvaises voies; 2° il est hérétique manifeste; 3° il est simoniaque horrible jusqu'à avoir dit publiquement qu'il ne pouvait commettre de simonie; 4° enfin, il est chargé d'une infinité de crimes énormes, où il est tellement endurci, qu'il est incorrigible, et ne peut plus être toléré sans le renversement de l'église (1) ». La conclusion de ces attaques exagérées et furieuses, c'était la prière au roi de convoquer ou de faire convoquer un concile général pour juger et déposer Boniface VIII.

C'est à quelques jours de là, Messieurs, que se place l'ordonnance du 23 mars 1303, rendue sous l'influence des légistes, qui allait constituer, sur de nouvelles bases, l'ancien conseil du roi et créer le Parlement. Philippe-le-Bel, préoccupé de ses démêlés avec Boniface VIII, qui prenaient chaque jour un caractère plus fâcheux et plus vif, désireux, par suite, de s'attacher, en cette occasion, le clergé, les barons et le peuple, ne tarda pas à publier un édit pour la réformation du royaume. Le soixante-unième article est

(1) Dupuy. Preuves du diff., p. 190.

ainsi conçu : « En outre, pour l'avantage de nos sujets et la prompte expédition des affaires, nous nous proposons de régler qu'il se tiendra, tous les ans, deux parlements à Paris, deux échiquiers à Rouen, deux grands jours à Troyes, et un parlement à Toulouse, si les Languedociens consentent à ne point appeler des sentences de ce parlement (1). » C'est dans cette disposition si laconique, perdue pour ainsi dire dans l'ordonnance du 23 mars 1303, que se trouve l'origine du Parlement de Paris, ce corps illustre qui devait être, jusqu'à la révolution, « le seul dépositaire, sinon de l'amour de la liberté, au moins de l'esprit public et de l'attachement à la justice (2). »

---

(1) Le Parlement, ainsi constitué, n'était pas permanent, il faut bien le remarquer; il s'assemblait deux fois l'an, aux octaves de Pâques et de la Toussaint. Ce fut seulement à partir de 1319 qu'il n'y eut plus qu'un seul Parlement, dont la rentrée était fixée à la Saint-Martin, ainsi qu'on le voit par le premier volume des Jugés. Le Parlement ne devint pas non plus complètement sédentaire, quoi qu'on en ait dit; Klimath nous apprend, en effet, qu'un Parlement fut tenu à Pontoise, depuis l'ordonnance du 23 mars 1303. Il y a plus, cette ordonnance resta sans effet depuis la Toussaint de 1303 jusqu'à la même époque de l'année 1304. C'est ce que nous enseignent les Olim par ce titre : *Arresta data in sequenti Parlamento omnium sanctorum ccc° quarto quia anno præcedenti propter guerram Flandriæ non fuit Parlamentum.* (Ol. 3, fol. 107, 2°.)

(2) Un célèbre écrivain anglais apprécie en ces termes d'éloquente impartialité le rôle du Parlement de Paris : « Il déploya, dit-il, en différentes occasions, des vertus dont l'estime des hommes est aussi inséparable que l'ombre l'est des corps, un attachement sévère aux

Pendant que Philippe-le-Bel cherchait ainsi à mériter l'appui de ses sujets, Boniface lançait, le 23 avril 1303, une bulle d'excommunication contre le roi. Philippe-le-Bel y répondait en faisant emprisonner les deux nonces chargés de la porter, et en saisissant le temporel des évêques qui s'étaient rendus au concile de Rome. En même temps, il convoquait au Louvre une nouvelle assemblée, dans laquelle Guillaume de Plasian, devenu conseiller au Parlement de Paris, présenta une requête en vingt-neuf articles, analogue à celle de Nogaret, mais plus violente et plus injurieuse. Sur ses conclusions, le roi en appelle alors aux conciles futurs et aux papes futurs; sept cents adhésions viennent confirmer cet appel.

Ici, Messieurs, s'arrête la tâche des légistes, et commence celle des satellites, je dirai presque des bourreaux. Parmi eux on a le regret de voir figurer Nogaret, le chancelier, tristement oublieux de son rang d'abord et même de son ancien titre d'avocat. Je n'insisterai pas plus longtemps sur des détails connus de vous. Vous savez comment Boniface VIII devait publier, le 8 septembre, une dernière bulle qui mettait le royaume en interdit, déliait les sujets de Philippe-le-Bel de tous leurs serments de fidélité, et donnait la France à Albert d'Autriche, récemment excom-

---

principes, une franchise noble et hardie, un désintéressement et une fermeté remarquables..... La France, si fertile en grands hommes, doit surtout s'énorgueillir de sa magistrature. » (Hallam. Histoire du moyen-âge. t. 1, p. 285.)

munié, mais devenu, grâce à sa soumission, le très cher fils du pape et de l'église ; vous connaissez toutes les circonstances du coup de main qui fut alors projeté par Philippe-le-Bel, à bout d'expédients, et exécuté avec succès à Agnani, puis la délivrance du pape par les habitants soulevés, et enfin la mort de Boniface VIII, qui, dans les accès d'une fièvre chaude, se serait, s'il faut en croire Nicole Gille, Ciaconius et la chronique de St-Denis, brisé la tête contre les murs, après s'être dévoré les doigts (1).

Telle est, Messieurs, définie trop longuement peut-être, mais, je crois, avec impartiale fidélité, la part que l'histoire attribue aux légistes et aux avocats de l'époque, dans cette querelle célèbre entre la papauté et la royauté. Je ne vous ai pas dissimulé que de fâcheuses violences, d'ailleurs plusieurs fois réciproques, il faut bien l'avouer, ternirent leur rôle de défenseurs de l'indépendance nationale ; j'ai flétri comme je le devais la conduite de Guillaume de Nogaret, se faisant lui-même l'humble exécuteur des hardis ressentiments de son maître. Il n'est douteux pour personne que les légistes, même en leur tenant compte de la rudesse du temps, qui serait pour eux une explication et une excuse possibles dans une certaine mesure, n'aient méconnu souvent la modération qui est toujours l'indice et le devoir

---

(1) Ainsi se serait trouvée réalisée, prétend Dupuy, la prophétie de son prédécesseur Célestin V : « Tu as monté comme un renard, tu règneras comme un lion, tu mourras comme un chien. » (Preuves, page 196.)

d'une bonne cause, mais qui devient une obligation sacrée en face d'un adversaire revêtu d'un caractère auguste et vénéré comme celui du Souverain Pontife. Toutefois, cette juste critique accordée, permettez-moi, Messieurs, de défendre contre tout autre reproche la mémoire et les actes de ceux qui furent nos pères, et de vous dire combien étaient rationnels et légitimes les principes dont ils s'étaient faits les soutiens. Leur rendre justice d'ailleurs, c'est la rendre à un grand nombre de nos prédécesseurs qui suivirent fidèlement leurs traces. Parcourez, en effet, la route des âges qui conduit jusqu'à l'immortelle déclaration de 1682, partout vous verrez échelonnés de distance en distance des hommes de loi, jurisconsultes ou avocats, sentinelles vigilantes que la mort seule vient relever, et qui conservent religieusement, pour les transmettre ensuite à d'autres soldats de la cause commune, le même mot d'ordre, la même consigne à faire respecter : indépendance temporelle du royaume.

Ne vous y méprenez pas, Messieurs, la question qui se débattait entre Boniface VIII et les rudes légistes de Philippe-le-Bel n'était pas celle plus difficile et plus délicate qu'une polémique ardente agite de nos jours, et que résoudront à peine tous les efforts de la diplomatie et des congrés européens. Ce n'était pas alors l'intégrité du territoire géographique légué au pape, en sa qualité de souverain temporel, par les traités et les siècles, qui était menacée, mais bien la domination temporelle, absolue et universelle dont il se prétendait légitimement investi comme vicaire de

Jésus-Christ et monarque spirituel. On ne se demandait pas alors comme aujourd'hui si les vœux d'un peuple opprimé et soulevé contre l'autorité qui le régit, doivent être exaucés, et lui rendre son indépendance primitive, ou bien si ce principe généreux, admis déjà plus d'une fois par l'Europe, doit être paralysé et rester inefficace, à raison de cette circonstance différentielle que le souverain renversé serait le chef suprême de la religion catholique. Cette grave question, Messieurs, appartient à l'avenir; permettez-moi de rester confiné dans le domaine déjà trop vaste du passé.

Les théories que les légistes et les avocats du XIVe siècle combattaient dans la personne de Boniface VIII n'étaient pas nouvelles; Grégoire VII les avait précisées avec une effrayante netteté, lorsqu'il disait, en parlant des apôtres et de leurs successeurs : « Ils peuvent enlever et accorder à chacun, suivant ses mérites, les royaumes, les principautés, les duchés, les comtés et les biens de tous, sans aucune distinction (1). » Le monde entier, la nation comme le particulier, soumis à l'autorité d'un pape, c'est-à-dire d'un homme, voilà le résultat d'une pareille doctrine! et qu'on ne vienne pas dire que Boniface VIII n'avait pas osé s'approprier les principes exorbitants professés par Grégoire VII! Lisez, Messieurs, la fameuse bulle *unam sanctam*, lisez même les bulles qui l'ont précédée, les bulles *clericis laïcos* et *Ausculta fili*, d'ailleurs révoquées pour partie par Clément V, et vous verrez que Boniface VIII est le

(1) Bossuet. Défens. de la déclarat., t. 1, p. 245.

fidèle disciple, le scrupuleux continuateur de Grégoire VII. Mais serait-il vrai que Boniface VIII n'eût réclamé qu'un pouvoir indirect sur le temporel des rois, comme le prétendent quelques théologiens, je répondrai encore avec l'illustre Bossuet, que le nom importe peu si la chose est la même, et si ce pouvoir indirect, tel que le définissent ces théologiens, produit les mêmes effets désastreux que le pouvoir direct revendiqué par Grégoire VII. « Qu'on se représente maintenant, a dit l'évêque de Meaux, en réfutant ces théologiens, à quel degré d'élévation et de souveraineté les auteurs de cette doctrine placent le pape qu'il ne soumettent à aucune puissance, pas même à celle du concile général, et on comprendra quelle est l'énorme étendue de cet empire chimérique. Il n'a point d'autres bornes que celles de l'univers. Tout est du ressort de ce puissant monarque; il juge le temporel comme le spirituel, et décide souverainement et sans appel de toutes sortes d'affaires et du sort de tous les empires (1). » Oui, Messieurs, tel était bien le pouvoir que voulaient s'arroger Grégoire VII et Boniface VIII, et, je le demande, dès lors une résistance respectueuse mais énergique à de pareilles exigences n'était-elle pas le premier et le plus sacré de tous les devoirs? Tout cœur libre ne devait-il pas noblement s'insurger, avec les armes immatérielles de la pensée, contre le joug illégitime sous lequel on prétendait le courber?

Les légistes et les avocats du XIVe siècle ne furent pas

(1) Bossuet. Défens. de la déclarat., t. 1, p. 132.

les premiers à donner cet exemple. Dès le règne de Charles-le-Chauve, Hincmar, archevêque de Rheims, enregistre les violentes protestations qui s'élevèrent de la part des barons et des prélats français contre une bulle d'Adrien IV, qui excommuniait le roi et transmettait ses états à Lothaire, empereur d'Allemagne (1). En 1203, onze barons de France déclarent, par lettres-patentes, qu'ils conseillent au roi, Philippe-Auguste « de ne pas faire la paix avec l'Anglais

---

(1) Ils se scandalisent fort, écrit Hincmar à Adrien IV, d'un pareil décret, disant que jamais on n'avait vu de tels commandements, bien que les rois fussent hérétiques, schismatiques et tyrans, soustenant que les royaumes s'acquéraient par la poincte de l'épée et non par les excommunications de Rome, et quand je leur couche de la puissance donnée par notre Seigneur à St-Pierre et à ses successeurs ils me répondent « dites au Souverain Pontife, qu'il ne peut être roi et évêque en même temps, et que ses prédécesseurs ont disposé de ce qui touche à l'ordre ecclésiastique, droit que personne ne leur conteste, mais non du gouvernement temporel qui appartient exclusivement aux rois; qu'il ne nous prescrive donc pas d'accepter pour roi un prince que nous ne pouvons défendre à une pareille distance contre les attaques soudaines et répétées des païens, et ne nous ordonne pas, à nous Francs, d'obéir à quelqu'un dont notre volonté ne veux pas pour maître, car ce joug ne nous fut jamais imposé par ses prédécesseurs... Nous savons qu'il est écrit dans les livres saints que nous devons lutter jusqu'à la mort pour défendre notre liberté et les légitimes héritiers de la couronne. D'ailleurs si le Souverain Pontife ne désire et ne recherche que la paix, qu'il ne la désire et ne la recherche pas de manière à amener une rixe sanglante. » Etienne Pasquier, Recherches sur la Fr. t. 1, p. 19 et suiv.

par crainte du pape ou de quelque cardinal (1). » Plus tard, Philippe-Auguste voulant réprimer les empiétements de la cour de Rome, qui finit d'ailleurs par triompher de sa juste résistance, publia, dans ce but, un édit appelé *edictum consultissimum*, auquel il est fait allusion dans les remontrances au roi de Juvénal des Ursins. En 1247, le pieux roi saint Louis lui-même s'oppose à une levée d'argent qu'Innocent III voulait faire sur l'église de France (2), et, en 1268, il n'hésite pas à proclamer l'indépendance de la couronne, même contre le souverain pontife, par la célèbre pragmatique sanction qui porte son nom dans tous nos anciens auteurs, et qu'on lui a déniée sans aucun motif valable (3).

---

(1) Preuves, p. 54.

(2) Preuves, p. 35.

(3) Cette pragmatique sanction est attribuée au saint roi par Fontanon dans sa Collection des Edits, par Bouchet dans son Décret, par du Boulay dans son Histoire de l'Université, par les P.P. Labbe et Coffart dans la Collection des Conciles, par Laurière dans son Recueil des ordonnances. Poinson l'a donnée sous le même titre avec des commentaires, du Tillet assure qu'elle se trouve avec la même qualification dans les anciens registres de la cour. Partout elle porte le nom de Louis et la date de 1268. Elle est citée par Juvénal des Ursins dans ses remontrances au roi. Le parlement en 1461, les Etats à Tours en 1483, l'université de Paris en 1491, l'ont consacré dans des actes publics comme l'ouvrage du pieux monarque. Dès l'an 1315, Guillaume Dubreuil, célèbre avocat, l'avait rapportée sous le même nom dans la troisième partie de son recueil, connu sous le nom d'ancien style du parlement. (Velly. Hist. de Fr., t. 3, p. 240.) V. aussi Boss. déf. de la décl., t. 3, p. 198.

C'est alors, et alors seulement, qu'interviennent Philippe-le-Bel et ses légistes. Vous le voyez, Messieurs, ce ne sont pas d'audacieux innovateurs qui foulent aux pieds les traditions reçues et respectées de tous, ce sont les gardiens fidèles de la loi faite par saint Louis, loi que dictait déjà la raison elle-même, et que confirmait encore la puissante autorité des anciens canons et la pureté primitive de la discipline ecclésiastique. Il n'est pas jusqu'au poète immortel du XIVe siècle, le Dante, qui, descendant des hauteurs idéales, ne se transforme en logicien grossièrement scolastique, dans son livre *de monarchiâ*, pour soutenir les mêmes théories généreuses (1).

Le cinquième article défend « qu'on lève, en aucune manière les exactions et les grièves levées d'argent imposées par la cour de Rome aux églises du royaume, et par lesquelles ledit royaume a été misérablement appauvri, ou celles qui seraient imposées à l'avenir, à moins que la cause en soit reconnue raisonnable, pieuse, très urgente et indispensable, par le roi et l'église de France. » Les autres dispositions ordonnent l'entière expulsion « du crime pestilentiel de simonie, et consacrent, approuvent et maintiennent toutes les franchises, immunité et libertés de l'église gallicane. »

(1) On y lit en effet cette argumentation d'école que l'on attendrait guère d'un pareil génie : « Que l'autorité de l'église ne soit pas cause efficiente de l'autorité impériale, on le prouve ainsi : ce sans quoi une chose a toute sa vertu n'est pas la cause de cette vertu. Or l'église n'existant pas, l'empire eut toute sa vertu, donc l'église n'est pas la cause de la vertu de l'empire, ni par conséquent de son autorité, sa vertu et son autorité étant identiques. Soit l'Eglise A., l'empire B, l'autorité C. Si A n'existait pas, c'était déjà dans B., A

Les siècles changeront, Messieurs, et les abus, si souvent combattus, reparaîtront; mais alors vous verrez se lever tour à tour et à mesure de nouveaux défenseurs parmi lesquels, jurisconsultes et avocats tiendront toujours le premier rang; ce sera le Parlement, en 1461, qui viendra présenter au roi Louis XI, de sévères remontrances sur la révocation de la pragmatique sanction de Charles VII (1); ce seront Antoine Hotman, Guy Coquille, Pierre Pithou, Dumoulin, Etienne Pasquier, et tant d'autres qui se rangeront sous le même drapeau glorieux, jusqu'au jour où la voix imposante de Bossuet, s'unissant à leurs efforts, proclamera solennellement les quatre articles qui forment le code des libertés de l'église gallicane, déclarera « que saint Pierre et ses successeurs, vicaires de Jésus-Christ, et que toute l'église même n'ont reçu de puissance de Dieu, que sur les choses spirituelles et qui concernent le salut, et non point sur les choses temporelles et civiles, ajoutera que « cette doctrine, nécessaire pour la tranquillité publique et non moins avantageuse à l'église qu'à l'état, doit être inviolablement suivie comme conforme à la parole de Dieu,

---

n'était pas cause que C fût dans B. » Sa poésie était le complément de sa prose et valait mieux. (Villemain, Litt. du moyen-âge, t. 1, p. 341.

(1) Il soutiendra que quatre maux ou inconvénients peuvent s'en suivre : 1° la perturbation complète de la hiérarchie ecclésiastique; 2° la dépopulation du royaume; 3° l'exportation, hors de France, de toutes les richesses qu'elle contient; 4° enfin la ruine des églises et une désolation universelle.

à la tradition des SS.Pères et aux exèmples des saints (1) ; » et s'écriera enfin, dans un de ces élans de sublime éloquence dont il a l'admirable secret : « Non ce n'est pas diminuer la plénitude de la puissance apostolique. L'Océan lui-même a des bornes dans sa plénitude, et s'il les outrepassait sans mesure aucune, sa plénitude serait un déluge qui ravagerait tout l'univers (2). »

La cause soutenue par les légistes de Philippe-le-Bel avait définitivement triomphé. Leurs maximes forment aujourd'hui comme la pierre fondamentale de nos libertés religieuses (3).

Ai-je besoin, Messieurs, de justifier, après de telles citations, les théories des légistes et des avocats du XIVe siècle du reproche d'irréligion et d'impiété qu'on leur prodigue souvent? Est-ce donc être maudit du ciel,

---

(1) Bossuet, texte du premier article des libertés de l'église galicane.

(2) Discours d'ouverture de l'assemblée de 1682. Œuvres de Bossuet, t. 15, p. 489.

(3) Un des Magistrats les plus éminents de France, par la dignité et le talent, disait en résumant, à ce sujet, nos idées modernes : « La double nature de l'homme relève désormais de deux puissances. l'une qui, dans le cercle de la vie civile, saisit le corps pour ainsi dire, l'homme extérieur et ses actes ; l'autre qui a le gouvernement des âmes, des croyances et des sentiments moraux : fait immense qu'il est permis de regarder comme la plus infaillible garantie de la civilisation. » (M. Gilardin, discours de rentrée du 4 novembre 1853, sur les Traditions.)

que de marcher dans la voie inaugurée par saint Louis, et plus tard suivie avec tant d'ardeur par Bossuet, l'illustre défenseur de l'église gallicane?... D'ailleurs parcourez les œuvres de Pierre Pithou, de Guy Coquille, d'Etienne Pasquier (1), qui préconisèrent les mêmes doctrines, vous les verrez protestant, comme Bossuet, de leur attachement à la religion et au saint siége; seulement leur soumission n'est ni folle ni aveugle; leur respect n'est pas celui de l'esclave qui s'agenouille machinalement devant l'erreur du souverain, c'est celui de l'homme intelligent et libre qui réfléchit et ne s'incline que devant la force seule de la vérité.

La mort de Boniface VIII ne mettait pas fin d'elle-même à la lutte; son successeur, Benoit XII, était un des deux

---

(1) « Je proteste, devant Dieu qui est le témoin du secret de mes pensées et juge de ma conscience, que ce que j'ai dict cy-dessus n'est pour aucunement déroger à la dignité du Saint-Siége apostolique romain, auquel je dois porter et porte volontiers tout hommage et obéissance..... Mais puisqu'il a plu à Dieu de donner aux hommes sens et entendement pour juger, même pour apprendre par les chrétiens les règles certaines par lesquelles nous pouvons connaître ce qui est bien ou mal fait et ce qui plaist à Dieu ou lui déplaist, je crois que ce n'est péchier de reconnaître et dire estre mal ce qui est mal, et le détester, et que la dignité tant soit-elle, ne nous doict empêchier de dire la vérité. » Etienne Pasquier tient le même langage: « quant à moy je désire qu'on sache que je suis franc catholique, non pour m'aggrandir en bombance dont je fais litière, ains pour demeurer en moy mesme sous l'obéissance du pape et de mon roy; dedans cette mienne petitesse je serai toujours pour la vérité. » (Rech, t. 1, p. 190.)

cardinaux qui avaient assisté, aux côtés de Boniface VIII, aux violences du coup de main d'Agnani. Il était important pour Philippe-le-Bel de chercher à se concilier les dispositions bienveillantes du nouveau pontife. Ce fut également sur un avocat, quelque temps professeur de droit à Orléans, Pierre de Belleperche, que le roi jeta les yeux pour lui servir d'ambassadeur. Pierre de Belleperche s'était adonné plus particulièrement au droit canonique, et avait su mériter l'estime et les sympathies du clergé de France. Ces précédents le servirent auprès de Benoit XII, auquel il était chargé de présenter, en même temps que les félicitations du roi, un mémoire justificatif de sa conduite à l'égard de Boniface VIII. Sur ses instances, Benoit XII révoqua les sentences lancées par son prédécesseur contre Philippe-le-Bel, contre les universités et contre l'église gallicane, n'exceptant nommément que Nogaret de la levée des censures. Le roi, satisfait de la manière dont Pierre de Belleperche avait rempli cette délicate mission, le nomma d'abord évêque d'Auxerre, puis l'éleva à la dignité de chancelier. S'il faut en croire Tiraqueau (1), Pierre de Belleperche fut digne d'être mis au nombre des plus anciens et des plus savants jurisconsultes. Loisel nous apprend que Cynus, Bartole et Balde le citent souvent avec honneur (2).

Quant à Nogaret et Guillaume de Plasian, qui vous sont déjà connus, Messieurs, l'histoire nous montre leurs noms

---

(1) Tiraq. De jure primog. quest. 2.

(2) Loisel. Dial. des avocats. Voy. Camus, profes. d'avocat, 1, p. 176.

tristement mêlés d'abord aux procédures intentées par Philippe-le-Bel contre la mémoire de Boniface VIII, et qui n'aboutirent qu'à un scandale sans résultat, et ensuite à la sanglante catastrophe du fameux procès des Templiers, procès dont l'histoire ne parviendra sans doute jamais à percer la sinistre et fatale obscurité.

Comme contraste des deux noms qui précèdent, permettez-moi, Messieurs, de placer ici celui d'Yves, de Kaermartin, plus connu encore sous le nom de Saint-Yves. C'est, à ma connaissance, le seul saint, jusqu'à présent au moins, qui appartienne à l'ordre des avocats. Le XIVe siècle peut, comme le XIIIe, revendiquer l'honneur de l'avoir possédé. Il naquit à Triguier; à quatorze ans il fut envoyé à Paris, où il étudia la philosophie et les décrétales. Dix ans après, nous le retrouvons à Orléans, occupé des mêmes études, et y joignant celles des institutes du droit civil. Il devint ensuite d'abord official de Maurice, archidiacre de Rennes, puis d'Alain de Beuc, évêque de Triguier. Dans ces fonctions il fit preuve d'un désintéressement bien rare à cette époque. Il faisait tous ses efforts pour concilier les parties plutôt que de les juger; il les expédiait promptement, et quelquefois plaidait comme avocat gratuitement pour les pauvres.

Loisel rapporte, à ce sujet, une anecdote singulière (1),

---

(1) ..... « Ainsi cette histoire porte que deux hommes qui estaient arrivez ensemble en une hostellerie de la ville de Tours, ayant baillé une bougette en garde à l'hostesse qui estait une femme veufve, et lui ayant recommandé qu'elle ne la rendît à personne qu'à eux deux en-

oubliée, dit-il, dans la vie de ce saint, et de même nature

semble : cinq ou six jours après, l'un d'eux la lui vint redemander tout seul, sous prétexte d'un payement qu'il supposa qu'ils avaient tous deux à faire dans la ville. L'hostesse ne se souvenant plus ou ne pensant pas à ce qui avait esté dit, ne fit aucune difficulté de la luy bailler; et celui-cy l'ayant incontinent emporté, ne retourna plus au logis. Cependant l'autre s'y rendit sur le soir, et n'y trouvant point son compagnon, il s'enquit de l'hostesse où il estait; l'hostesse lui répondit ingénüement qu'elle ne l'avait point veu depuis qu'elle luy avait rendu leur bougette. Alors cet homme, faisant l'estonné, s'escria qu'il estait perdu et qu'il y avait dans cette bougette une grande somme d'argent. Puis, se tournant vers elle, il luy remontra que c'était au préjudice de ce qui avait esté résolu entr'eux, qu'elle l'avait remise entre les mains de l'un en l'absence de l'autre, et lui déclara qu'il se pourvoierait contre elle en justice. Et de faict il la fit adjourner par devant le bailly de Touraine, à ce qu'elle eust à luy rendre ce dépôt : et elle ayant comparu à l'assignation, demeura ingénüement d'accord de tout ce qui s'estait passé ; sur quoy il afferma qu'il avait dans cette bougette cent pièces d'or, outre plusieurs scédules et autres papiers de conséquence; de sorte que cette pauvre veufve estait sur le point d'estre condamnée. Mais le bon Saint-Yves étant survenu fort à propos, la délivra de cette peine par un expédient non moins certain que prompt, dont il s'advisa; car après qu'il se fut instruit de l'affaire, il luy donna advis de remontrer qu'elle avait trouvé moyen de recouvrer la bougette, et qu'elle estait prête de la représenter ; mais qu'aux termes de la reconnaissance du demandeur, il estait obligé de faire comparaître son compagnon, afin qu'elle la pût rendre à eux deux : ce que le juge ayant trouvé raisonnable, il l'ordonna ainsi ; à quoy le demandeur n'ayant voulu ou pu satisfaire, non-seulement la bonne veufve fut renvoyée absoute, mais aussi s'estant découvert que ces galauds estoient des pipeurs qui colludaient ensemble pour ruiner leur hosque celle attribuée par Valère Maxime (1) à Démosthène, l'immortel orateur.

Yves fut en même temps curé et gouverna deux paroisses, celle de Tresdrets, pour laquelle il fut ordonné prêtre, titre qu'il n'accepta qu'avec une grande répugnance, craignant d'en remplir mal les devoirs difficiles, et celle de Zohanec. A raison de sa nouvelle qualité, il fut appelé plus d'une fois à prendre la parole comme prédicateur; ses vertus ajoutaient encore à l'autorité de son éloquence naturelle. Depuis l'âge de vingt-quatre ans il s'abstenait de viande et de vin, et jeûnait le vendredi; dès l'âge de quinze ans il jeûnait au pain et à l'eau le Carême entier, l'Avent et plusieurs autres jours de fête. Il couchait tout vêtu, sur une claie ou un peu de paille, avec un livre ou une pierre pour chevet, et ne dormait guère, même la nuit, que quand il était accablé de travail. Il mourut âgé de cinquante ans (2).

---

tesse, le demandeur en fut puny extraordinairement. » (Loisel. Dialogue des adv.; profession d'av., t. 1, p. 173 et 174.)

(1) Valère Maxime, liv. 7, ch. 3.

(2) Hist. ecclésiast. de l'abbé Fleury. Velly (Hist. de Fr., t. 3, p. 428) lui rend la même justice. « C'était, dit-il, un grand jurisconsulte, célèbre surtout par son application à défendre les pauvres contre l'oppression des riches. Il allait plaider dans les juridictions des provinces, et ne voulait d'autre récompense que d'avoir fait triompher la bonne cause. Les gens de pratique l'ont pris pour leur patron et ne l'imitent guère. »

Certes, Messieurs, il serait difficile de proposer un modèle plus digne de stimuler notre zèle et notre émulation chrétiennes. Quiconque voudra marcher sur ces traces glorieuses, méritera d'ailleurs l'application de ces deux vers bien connus, qu'on ne peut s'empêcher de lire avec un certain étonnement dans l'office de ce saint :

Advocatus et non latro,
Res miranda populo (1).

Je ne puis quitter, Messieurs, le règne de Philippe-le-Bel sans vous signaler deux ordonnances rendues sous l'inspiration des légistes, et qui marquent un progrès dans la législation de l'époque. La première, celle du mercredi des Cendres de l'année 1303, concerne l'arrestation des accusés. Elle décide qu'aucun accusé ne pourra être mis en état d'arrestation quand il donnera caution, sauf le cas de crime de lèse-majesté, d'hérésie, d'homicide, de vol ou de rapt de femme. La deuxième, celle du 29 juillet 1314, défend les guerres privées, les gages de batailles et les duels judiciaires. Vous savez, Messieurs, que les Etablissements de saint Louis avaient maintenu le combat judiciaire en matière criminelle dans certains cas, et, en matière civile, dans plusieurs où le défaut absolu de preuves s'opposait à toute décision. Les avocats plaidaient alors pour ou contre l'admission des gages de bataille. Il y avait, à cet égard, toute une procédure qui nous a été conservée dans l'ouvrage

(1) Avocat, sans être voleur,
Sujet digne d'étonnement pour tous.

curieux de Guillaume Dubreuil (1), avocat distingué de l'époque, à ce qu'il paraît, et qui ne nous est connu que par les éloges que lui accordent Dumoulin et Aufrère. « Il était indispensable surtout, nous apprend Guillaume Dubreuil, que l'avocat fit la mention expresse qu'il se présentait comme avocat; sinon il était obligé de combattre lui-même au lieu de son client. » C'est le danger que courut Hugues de Fabrefort, avocat du XIVe siècle, dont le nom célèbre ne nous serait jamais parvenu sans cette circonstances : « Plaidant une cause de duel, raconte Guillaume Dubreuil et Loisel après lui, et ayant proposé pour Armand de Montaigu contre Emery de Dureffort qu'il ferait preuve de son fait, par son corps en champ de bataille, sans dire expressément que la preuve s'en ferait par le combat de sa partie, il fut en danger d'*entrer lui-même en combat* et mocqué par la compagnie, tant on estait alors formaliste en telles causes (2). » Cette ordonnance du 29 juillet 1314,

(1) Cet ouvrage, publié en 1330, et intitulé : *Stylus curiæ parlamenti*, contient, comme l'indique ce titre, les usages et les formules du palais ; il nous a été conservé par Charles Dumoulin, dans le huitième volume de ses œuvres éditées en 1515.

(2) Dialogue des adv. Camus, profess. d'avoc., t. 1, p. 178. Loisel rappelle à ce propos une anecdote plaisante, empruntée à Suétone. Un certain Caius Albutius Silusse, de Novarre, rhéteur, plaidant à Rome contre un fils accusé d'impiété à l'égard de ses père et mère, usa, par forme de rhétorique, de ces mots : *jura per patris matrisque cineres qui inconditi jacent*. Immédiatement celui qui plaidait pour l'enfant prit ces mots au sérieux, comme si le serment lui avait été

qui renouvelait d'ailleurs une défense antérieure, faite en 1303, resta malheureusement sans effet. En 1386, un autre avocat du XIVe siècle, Jean Lecoq, fut conseil et témoin d'un duel de cette nature entre Jacques Le Gris et Jean de Carrouge, dont il était accusé d'avoir violé la femme. Le Parlement, après une plaidoirie d'un an et demi, dit Froissard (1), qui raconte au long tous les détails de cette cause émouvante, le Parlement, par un arrêt solennel, ordonna le combat à outrance (2). Ce fut, du reste, la dernière fois que le Parlement autorisa ce barbare usage du combat judiciaire, qui devait bientôt disparaître des mœurs elles-mêmes. L'Angleterre, moins heureuse, le conserva en cas d'appel, au moins à l'état latent de disposition légale, jusqu'en 1819 (3).

---

réellement déféré, et s'empressa de le prêter : « ce qui fut cause que l'accusé restant absous, l'advocat de l'accusateur en fut si fort mocqué, qu'il se déporta de ne plus jamais plaider. »

(1) Chroniq., t. 2, p. 535 et 536.

(2) Le sort favorisa le mari outragé, et ce qu'il y a d'affreux, c'est que Jacques Le Gris, reconnu coupable, en vertu de ce qu'on appelait le jugement de Dieu, et livré au bourreau, fut, depuis, proclamé innocent par le témoignage unanime des historiens de l'époque, Juvénal des Ursins, l'anonyme de Saint-Denis et la chronique de Saint-Denis. La dame de Carrouge avait été violée par un autre individu, qui s'en accusa plus tard lorsqu'il fut exécuté pour d'autres crimes.

(3) En 1819, un nommé Thornton, accusé de meurtre, avait été acquitté par le jury. Sur ces entrefaites, le frère de la victime revient d'outre-mer, et appelle de la décision. Thornton propose alors de se purger de tout soupçon par le combat judiciaire ; c'était un athlète exercé; le frère de la victime se désista. Ce scandale fit abolir le combat judiciaire.

Louis X le Hutin succéda à Philippe-le-Bel le 29 novembre 1314. Le premier acte de son règne fut le fameux procès du légiste Enguerrand de Marigny, fidèle serviteur de son père, que nous avons vu prendre part aux démêlés avec la papauté, et qui était devenu depuis ce que nous appellerions aujourd'hui ministre de l'intérieur et des finances. Charles de Valois, oncle du roi, qui méprisait les légistes et avait en horreur les ministres de son frère pour l'avoir empêché d'arriver au pouvoir, obtint de Louis X la permission de le faire arrêter sous inculpation de malversation et de péculat. En même temps on arrêtait, sous un prétexte imaginaire, Raoul de Presle, avocat d'un grand mérite, très lié avec Enguerrand, dont on craignait qu'il ne prît chaleureusement la défense. Raoul de Presle fut mis à la torture et eut le courage de résister à ces douleurs atroces qui ne pouvaient manquer d'arracher, même à un innocent, l'aveu du crime imputé ; après la fin tragique d'Enguerrand, on finit par le mettre en liberté, mais on se garda bien de lui restituer les biens qu'on lui avait indûment enlevé. Quant à Enguerrand de Marigny, laissé sans défenseur, puisque le sien subissait la torture, il fut conduit devant une commission installée au bois de Vincennes, ou, d'après certains auteurs, à l'hôtel de Bourbon. Là, un avocat nommé Jean de Meheyé, prit d'abord la parole au nom du roi pour soutenir l'accusation (1). Le résumé de ce plaidoyer nous a été laissé par un contemporain, et pourra vous donner une

---

(1) Loisel. V. Camus, t. 1, p. 175.

idée de l'éloquence judiciaire du XIVe siècle. L'orateur commenca, suivant l'habitude, par une citation religieuse : *Domine non nobis sed nomini tuo da gloriam.* « Il vint après au sacrifice d'Abraham et d'Isaac son fils, il allégua ensuite les exemples des serpents qui dégastaient la terre de Poictou, au temps de Monseigneur de St-Hilaire, et appliqua et comparagea les serpents à Enguerrand et à ses parents et affins, de là il descendit au gouvernement, enfin recompta les cas et les forfaits en général (1). » Un autre avocat, que les uns nomment Jean d'Asnière et les autres Jean Annat, renchérit à son tour, au nom du comte de Valois, sur les accusations portées contre Enguerrand de Marigny. Celui-ci fut réduit à se défendre lui-même. Ces deux derniers plaidoyers, celui de Jean Annat et celui d'Enguerrand, ont été précieusement conservés dans les annales de Paris, auxquelles vous me permettrez de vous renvoyer. L'accusateur ne manque ni de chaleur ni de vivacité ; une certaine noblesse et une certaine dignité animent les paroles du ministre déchu (2).

Vous connaissez, Messieurs, les autres tristes détails du procès d'Enguerrand de Marigny, et vous savez que le roi et le comte de Valois eux-mêmes ne tardèrent pas à se repentir publiquement de l'odieuse injustice dont ils s'étaient rendus coupables en l'envoyant à la mort (3).

---

(1) Pasquier. Rech., liv. 4, ch. 27.

(2) Voy. barreau français, t. 1, p. 5 et suiv.

(3) Louis X laisse 10,000 livres aux descendants d'Enguerrand,

A part ce procès qui ne jette qu'un sinistre éclat sur le règne de Louis X, deux ordonnances seules, évidemment inspirées par les légistes, méritent d'attirer votre attention. L'une, du 19 mars 1315, restée célèbre sous le nom de Charte aux Normands (1), décide que « de trois ans en trois ans, le roi enverra dans les provinces des *enquêteurs* pour surveiller l'administration de ses officiers et recevoir les plaintes des justiciables. » C'est là l'origine des grands jours. Elle ajoute, progrès bien louable pour l'époque où elle était promulguée, « que nul homme libre (c'était déjà un premier pas vers la saine justice), ne pourra être mis à la question, à moins qu'il n'y ait *véhémente présomption* de crime capital, et encore sera-t-il traité si modérément qu'il ne puisse perdre ni membres ni la vie. » La seconde ordonnance, en date du 3 juillet 1315, porte affranchissement des serfs du domaine du roi, et proclame que cet affranchissement a lieu *en vertu du droit de nature*. Un historien éloquent l'a fait remarquer : peu importe le motif, sans doute intéressé, qui a dicté l'ordonnance ; c'est une grande chose que cet appel fait par le pouvoir lui-même

---

« pour la grande infortune qui leur advint de la condamnation de leur père, et pour l'amour que portait la reine mère du roi à la dame de Marigny. » Douze ans après, le comte de Valois, devenu paralytique, infirmité qu'il attribua à une punition céleste, fait distribuer de l'argent aux pauvres, en leur donnant à tous la même mission réparatrice : priez Dieu pour monseigneur Enguerrand et pour monseigneur Charles.

(1) Ordonn., t. 1, p. 551—587.

au droit de nature contre l'injustice du fait régnant (1).

Le règne de Philippe-le-Long, Messieurs, qui se présentait comme successeur de Louis X, fut inauguré par une solennelle discussion juridique de laquelle est sorti un des principes fondamentaux de notre constitution française. Louis X le Hutin était mort ne laissant qu'une fille en bas âge, héritière naturelle de la couronne, et qui, dans tout autre royaume, aurait sans contestation remplacé son père sur le trône. Mais l'usage avait consacré l'exclusion des filles de la couronne de France, et le sceptre devait alors tomber de droit aux mains de Philippe-le-Long, frère du roi défunt. Toutefois cet usage qui depuis très longtemps n'avait pas eu lieu d'être appliqué, n'était pas si bien établi qu'il n'y eût possibilité pour les seigneurs mécontents de se déclarer, contre Philippe-le-Long, les défenseurs des droits acquis par le sang à la petite Jeanne, âgée alors de six ans. C'est ce que firent le duc de Bourgogne, le comte de la Marche et plusieurs barons puissants, secrètement appuyés par les vœux des comtes de Valois et d'Evreux, oncles de Philippe. Dans cette extrémité, Philippe-le-Long fit appel aux légistes et aux avocats de l'époque. Leur tâche

---

(1) Henri Martin. Histoire de Fr., t. 4, p. 526. Cette ordonnance avait d'ailleurs été précédée d'une autre rendue sous Philippe-le-Bel, pour confirmer l'affranchissement des serfs du Valois, qui contenait les mêmes principes généreux, et déclarait que « toute créature humaine, formée à l'image de Notre-Seigneur, doit généralement être franche par droit naturel. » (Ordonn. du Louvre, t. 12, p. 387.)

était difficile. Invoquer l'usage comme ayant établi un droit particulier à la couronne de France, ne paraissait pas un argument infaillible ; car de quel usage parler ? Depuis Hugues Capet, c'est-à-dire depuis trois cent trente ans, tous les rois ayant succédé de père en fils, sans concurrence de filles, il ne s'était trouvé aucune occasion de former un usage contre la successibilité des filles (1). Il fallait donc remonter aux deux premières races, et encore ne rencontrait-on, dans ce passé lointain et barbare, qu'un exemple ou deux dont la réunion ne pouvait guère constituer un usage. Soutenir que la couronne de France était trop noble « pour qu'elle allât de mâle à femelle, » c'était un argument de sentiment qui pouvait avoir sa valeur, mais ne suffisait pas. Se rejeter sur l'imbécilité du sexe faible, mais l'esprit galant et chevaleresque du siècle s'y opposait ; et d'ailleurs l'exemple de la reine Blanche n'était-il pas là pour attester qu'elles ont, lorsqu'il le faut, la main ferme, l'intelligence sûre, le cœur à l'abri de toutes faiblesses et de tous caprices ? Se retrancher derrière les textes si goûtés alors de l'Ecriture Sainte, et produire glorieusement celui-ci tiré de saint Mathieu (2) : *lilia neque laborant neque nent ;* les lys ne travaillent ni ne filent. Mais les armes de France sont-elles bien des lys ? ne simulent-elles pas plutôt le bout d'une hallebarde, suivant ce vers d'un vieux poète : « *Cuspidis in medio uncum emittit acutum :* l'écu de France est un fer

(1) Fournel. Hist. des avocats, t. 1, p. 148.

(2) Saint Mathieu, 2, 28.

pointu au milieu de la hallebarde. » D'ailleurs les léopards d'Angleterre, les lions d'Allemagne ne travaillent ni ne filent, bien que ce ne soit pas dit dans l'Ecriture Sainte, et cependant les filles, dans ces deux pays, sont aptes à succéder à leurs pères (1). Les légistes, tout en reconnaissant les objections que soulevaient ces arguments, se gardèrent bien de les négliger et les firent tous valoir ; mais, en même temps, ils cherchaient et trouvaient, en effet, dans nos vieilles coutumes, un texte, décisif ou non, qui pût paraître tel. L'article 6 du titre 62 de la loi salique, loi antérieure à l'entrée des Francs dans la Gaule, remplit ce but. On s'inclina respectueusement devant cet article 62 comme devant un oracle suprême, et au mois de février 1317, les trois Etats rassemblés approuvèrent à l'unanimité le couronnement de Philippe-le-Long, et jurèrent de lui obéir comme à leur roi. Telle fut l'origine de cette loi fondamentale de notre droit public, toujours appliquée depuis, que les filles sont exclues de la succession à la couronne de France.

Il est permis, Messieurs, d'admirer l'habileté et l'éloquence des légistes d'alors, car il est pleinement reconnu de nos jours que ce fameux article 62, qui devint entre leurs mains une arme redoutée et invincible, ne résolvait pas le moins du monde la question en litige. Sur les 72 titres, en effet, de la loi salique, un seul, le titre 62, est relatif aux successions. Il n'y est pas dit un seul mot, ni de

(1) Voltaire. Essai sur les mœurs, t. 2, p. 355 et 356.

la succession à la couronne, ni de l'exclusion des filles. Seulement l'article 62 refuse aux filles le droit de partager avec l'aîné mâle tout héritage qui est de nature salique, et il faut entendre, sous cette qualification, le fief et le manoir paternels. Ce fut donc, en réalité, sur un texte illusoire que fut basée la résolution adoptée par les Etats-Généraux de 1317. Résolution salutaire, cependant, texte utile à produire, car, on l'a dit avec raison, la prétendue loi salique a été une des principales garanties de la nationalité française pendant plusieurs siècles, en préservant sa mobilité naturelle de toutes atteintes et de toutes impressions étrangères (1).

Le service rendu à Philippe-le-Long remit en faveur les légistes et les avocats, comme aux plus beaux jours de Philippe-le-Bel. Plusieurs édits attestent leurs concours à son administration. Ainsi certains efforts sont faits pour arrêter l'altération, toujours croissante, des monnaies (2) (juin 1317); l'édit de Louis-le-Hutin, pour engager les serfs à acheter leurs libertés, est renouvelé (janvier 1318); l'inaliénabilité du domaine de la couronne est érigée en principe et, comme conséquence rétroactive et peu équitable, on va jusqu'à révoquer tous les dons faits par les rois de

---

(1) Henri Martin. Histoire de France, t. 4, p. 537.

(2) A la Révolution, la monnaie de France avait été dépréciée dans le rapport de 73 à 1. L'abus avait commencé en 1103. Sous Philippe-le-Bel, il avait été porté si loin que le marc d'argent qui, primitivement, représentait 8 sous, était l'équivalent de 160 sous de cette monnaie altérée. (Hallam. Hist. du moyen-âge, t. 1, p. 285.)

France jusqu'à saint Louis (29 juillet 1318); enfin un règlement est publié le 3 octobre 1319, sur la discipline du Palais et des audiences, et contient entr'autres dispositions la réserve de certaines causes pour être plaidées en présence du roi lui-même, l'exclusion de la magistrature prononcée contre les prélats (1), et plusieurs articles curieux relatifs à Messeigneurs du Parlement, et dans le détail desquels il serait trop long d'entrer ici. Dès cette époque, le Parlement, d'une création récente encore, avait acquis déjà tant de considération qu'on vit des princes étrangers (2), même des Sarrasins, s'il faut en croire l'université de Paris dans ses remontrances au roi Charles VI, en 1412, venir d'eux-mêmes lui soumettre leurs différends et s'en rapporter avec pleine confiance à ses lumières et à sa justice.

Philippe-le-Long mourut bientôt, ne laissant que des filles. Ce fut ce même comte de la Marche, qui avait si vivement protesté contre l'exclusion des femmes, qui en profita à son tour et dut le trône au fameux article 62 de la loi salique. Rien de bien saillant ne signale le règne de Charles-le-Bel. Je me bornerai à mentionner deux faits, l'un une ordonnance rendue en 1324 introduisant la condamnation aux dépens contre la partie qui succombe, l'autre la

---

(1) Le motif invoqué par le roi, c'est « qu'il se fait conscience de eulx empêchier au gouvernement de leurs spiritualités, et veut avoir en son parlement gens qui y puissent entendre continuellement, sans en partir, et qui ne soient occupez d'autres graves occupations. »

(2) Arrêt de 1322, entre le seigneur de Wardel, en Allemagne, et autres seigneurs de la même nation.

rupture du mariage du roi avec Blanche de Bourgogne, sous prétexte de parenté spirituelle, grâce aux conseils des légistes et du Parlement (1).

A la mort de Charles-le-Bel, de nouveaux débats juridiques s'ouvrirent, Messieurs, au sujet de la succession à la conronne. Les deux concurrents étaient Philippe de Valois, cousin du feu roi, et Edouard III, roi d'Angleterre, issu d'Isabelle, sœur du feu roi. Isabelle, sœur de Charles-le-Bel, était évidemment exclue du trône en vertu des principes précédemment admis de la loi salique; tout le monde était d'accord sur ce point. Mais Edouard, fils d'Isabelle, était-il également écarté par ce texte? Ne pouvait-il pas réclamer le trône, par représentation, en soutenant que la loi salique n'exclut de la couronne que les femmes, à cause de la faiblesse de leur sexe, et ne les frappe pas jusque dans leur postérité masculine? Telle était la question vivement agitée alors entre les deux prétendants. Philippe fit appel aux avocats, comme ses prédécesseurs l'avaient fait dans toutes les circonstances difficiles de ce genre, et de nombreux écrits furent publiés, dont aucun malheureusement ne nous est resté, pour défendre et faire triompher les

(1) La comtesse Mahaut d'Artois, mère de Blanche, avait été effectivement marraine du roi, ce qui constituait un empêchement spirituel; empêchement à double face, sans doute, car l'ambassadeur de Charles-le-Bel, un nommé Billevart, bourgeois très riche de l'époque, obtenait à la fois du Souverain Pontife l'annulation du mariage du roi, pour compérage, et la permission d'épouser, pour son compte personnel, une femme deux fois sa commère.

droits du concurrent national. Ils traitaient la question, nous dit l'abbé Velly, sous le double point de vue du droit et de l'histoire (1).

Quant au droit, les avocats établirent que le représentant ne pouvait pas avoir plus de droits que le représenté, dont il les tenait; que l'incapacité d'Isabelle se communiquait à son fils. « D'ailleurs, ajoutaient-ils, et l'argument était sans réplique, si les femmes possédaient ou transmettaient les droits au trône, il y aurait de plus directs héritiers que le roi Anglais, le petit Philippe, fils au duc de Bourgogne, n'est-il pas né de Jehanne de France, fille au roi Philippe-le-Long? Et pour plus haut remonter, la comtesse Jehanne d'Evreux n'est-elle pas fille au roy Loys-le-Hutin, voilà deux meilleurs titres que celui de Madame Isabelle. »

Sous le rapport de l'histoire, les avocats soutinrent qu'elle fournissait une foule d'exemples, sans compter ceux notés ci-dessus, où les filles exclues par la loi avaient eu des enfants mâles, sans que ceux-ci se fussent jamais avisés d'invoquer le bénéfice de la représentation.

Cette doctrine triompha devant une grande assemblée de princes, de pairs, de barons et de principaux notables, réunis pour juger la question pendante entre les deux concurrents. Les droits de Philippe de Valois furent solennellement reconnus et consacrés par une déclaration insérée depuis par Loisel dans ses règles de droit français, à savoir: « que toutes fois et quantes une femme était déboutée

---

(1) Histoire de France de l'abbé Velly, t. 8, p. 190.

d'aucune succession, comme de fiefs nobles, les fils qui en venaient et descendaient étaient aussi forclos. »

Sous le règne du nouveau roi les empiètements de la juridiction ecclésiastique sur le domaine des affaires civiles recommencèrent. Une ordonnance du 23 novembre 1328, exclut les gens d'église, des prévotés et autres offices, « lesquels seront exclusivement exercés par personnes laïques. » L'année suivante, une lutte violente s'éleva entre le clergé et la noblesse, appuyée par le roi, sur les limites respectives de leurs droits et de leurs pouvoirs. Elle devait rendre célèbres les deux avocats qui furent appelés à la soutenir, François Bertrand et Pierre de Cugnières.

François Bertrand, l'avocat du clergé, s'était attaché aux études canoniques, où il avait acquis une grande réputation qui l'avait conduit à l'évêché d'Autun. Il avait même composé un ouvrage intitulé *de origine et usu jurisdictionum.* Ces titres lui valurent d'être choisi pour porter, en 1329, la parole au nom du clergé. Quant à Pierre de Cugnières, son adversaire, il se fit connaître fort jeune, je l'ai déjà dit, par la réponse à la petite bulle de Boniface VIII, réponse à laquelle il aurait concouru avec Pierre Dubois, s'il faut en croire le Dialogue des avocats de Loisel.

La cause fut solennellement plaidée en présence du roi et d'une nombreuse et brillante assemblée.

Pierre de Cugnières prit la parole le premier, et débuta, suivant l'habitude, par un texte de l'Ecriture Sainte, approprié d'ailleurs parfaitement à la circonstance : *reddite quæ sunt Cæsaris Cæsari, et quæ sunt Dei Deo.* « Il fit ensuite soigneusement la distinction des deux puissances, la puissance spirituelle et la puissance temporelle, disant que l'entière justice demandait que le clergé abandonnât aux juges séculiers le soin des affaires temporelles. » — « Après s'estre étendu sur cette « proposition, dit Pasquier (1), il proposa assez simplement « et sans fard plusieurs articles, esquels il requérait être ap- « porté quelque ordre et réformation encontre les ecclésiasti- « ques. C'est à sçavoir que plusieurs fois ils faisaient empri- « sonner un homme lay, comme malfaicteur, et après lui « avoir faict son procès d'office, ils ne le voulaient eslargir que « premièrement il n'eust payé tous les frais de justice, toutes « les façons des enquestes et procédures. — Que sans co- « gnaissance de cause, ils faisaient, à tout heure, des clercs « tonsurés, bâtards, adultérins, incestueux, pour dilater les « bornes de leur juridiction. — Qu'ils envoyaient çà et là « leurs notaires sur lès justices tant royales que des barons « et autres seigneurs, lesquels, passant des contracts, sou- « mettaient toujours les contractants à la juridiction de Cour « d'église. — Que le premier meurdrier ou larron qualifié qui « se disait estre clerc et sous ce tiltre demandait son renvoy « pardevant l'official, il faillait qu'il fust renvoyé sous peine « d'excommunication, encor qu'il n'eust été pris en habit clé- « rical et qu'il ne feict apparoir de ses lettres de tonsurez. « — Que soudain, qu'un homme estait entré en prison ecclé- « siastique par la porte de fer, il en sortait par la porte « d'argent. — Qu'un homme estant excommunié, les offi-

(1) Pasquier. Rech. sur la Fr., t. 1, p. 157.

« ciaux prenaient plaisir de citer tous ceux qui depuis « avaient communiqué avec lui et ainsi mettaient en désar- « roy toute une contrée par leurs indeues citations. — Qu'ils « faisaient accroire aux plus gens de bien qu'ils estaient « usuriers, et en cette qualité, en faisaient les poursuites « pardevant eux. — Que si un homme riche estait décédé, « bien qu'il eust faict un testament et receu les saints sacre- « ments de l'église, toutefois on lui faisait desnier terre « saincte après son décès, sous quelque fausse imputation « d'usure ou autrement, et pour se rédimer de cette vexa- « tion barbaresque les amis et héritiers du déffunct estaient « contraincts de froncer le poignet des officiaux, archidia- « cres et autres juges d'église. Et alléguait aussi plusieurs « autres desportements pleins de mauvais et dangereux « exemples. »

François Bertrand prit la parole à son tour et répondit que les plaintes adressées au clergé se résumaient en deux griefs principaux ; l'un était les abus qui se commettaient de la part des subalternes et des officiaux de dernier ordre ; qu'à cet égard ils promettaient de les surveiller et de les punir en cas de récidive, l'autre concernait l'entreprise de juridiction, « juridiction qui leur appartenait par le droit divin et par le droit humain et par une possession immémoriale. » Il prouva que les deux puissances n'étaient pas incompatibles et que les ecclésiastiques étaient capables d'exercer la puissance temporelle qu'on voulait leur dénier. Il cita l'exemple de Melchisedech, prêtre et roi, ceux de Moïse, d'Aaron, de Samuel, d'Esdras, des rois de la famille des Machabées. Il allégua que saint Pierre avait exercé la puissance de vie et de mort en punissant Annanias et Saphir. Il rappela ces paroles de saint Paul : Ne savez-vous pas que les saints jugeront de ce monde, et celles-ci de saint Pierre : vous êtes la race choisie, le sacerdoce royal, la nation sainte. « D'ailleurs, dit-il en finis-« sant, si les prélats perdaient les droits qu'on veut leur « enlever, le roi et le royaume perdraient en même temps « un de leurs plus grands avantages, qui est la splendeur « des prélats ; ils deviendraient plus pauvres et plus misé-« rables que tous les autres, puisqu'une grande partie de « leurs revenus consiste dans l'administration et les émo-« luments de la justice (1). »

Tels furent, Messieurs, les arguments employés par le savant évêque d'Autun. Ils produisirent une vive impression, et furent sans doute assez mal réfutés. « Pour traiter, en effet, solidement ces questions, dit l'abbé Fleury, il eut fallu revenir à la pureté des anciens canons et à la discipline des cinq ou six premiers siècles. Mais elle était tellement inconnue alors, qu'on ne s'avisait même pas de la chercher, et ceux qui voulaient, par exemple, restreindre l'autorité du pape, se jetaient dans le raisonnement, comme Marsile de Padoue, qui, par les principes de la politique d'Aristote, concluait que le pape ne peut prétendre à la suprématie temporelle (2). »

(1) Histoire ecclés. de l'abbé Fleury, t. 19, 7e discours.

(2) La réponse à l'évêque d'Autun était cependant facile. Les deux

Quoi qu'il en soit, l'avantage resta indécis entre les deux adversaires. Seulement Pierre de Cugnières, au moment où l'assemblée se séparait, s'adressa aux prélats, et leur dit publiquement : « Si vous corrigez ce qui en a besoin, le roy veut bien attendre jusqu'à Noël prochain; mais si vous ne le faites d'ici là, le roy y apportera le remède qui sera agréable à Dieu et au peuple. (1). »

François Bertrand fut récompensé par le chapeau de cardinal, en 1331, du zèle et de l'éloquence qu'il avait montré pour les intérêts du clergé (2). Quant à

---

puissances, disait-il, ne sont pas incompatibles, et les ecclésiastiques sont capables d'exercer le pouvoir temporel. Mais ce n'était pas là la question. Est-ce à titre de concession qu'ils sont investis du pouvoir temporel, et, dès-lors, s'il y a abus, la concession peut être retirée ; ou bien, est-ce comme institution ? Evidemment comme concession. Que prouvent les exemples de Melchisédech, Aaron, Moïse, etc. ? Ce sont là des faits purement accidentels et exceptionnels; il eût fallu démontrer que les prêtres possédaient autrefois le pouvoir temporel, et, de plus, ce qui est douteux, que l'église nouvelle est fondée sur les principes de l'Ancien Testament. « Quant au droit de vie et de mort exercé par saint Pierre vis-à-vis d'Ananias, qu'un évêque fasse tomber mort un coupable, il est évident que Dieu lui a donné ce pouvoir ; mais de tirer à conséquence ces miracles pour établir une juridiction ordinaire, c'est se moquer visiblement des auditeurs. » Restent les deux textes de l'Ecriture Sainte; mais l'évêque d'Autun ne s'était pas aperçu qu'ils s'adressent à tous les fidèles, et non pas seulement au clergé. (Histoire ecclés. de l'abbé Fleury, t. 19, 7e discours.)

(1) Henri Martin. Histoire de France, t. 5, p. 14.

(2) Fournel. Histoire des avocats, t. 1, p. 198.

Pierre de Cugnières, les gens d'église ne lui pardonnèrent pas de s'être généreusement élevé contre les empiètements de la juridiction ecclésiastique, et affectèrent de le désigner sous le sobriquet de Pierre de Cugnet ou Pierre du Coignet. « On appelait ainsi, nous dit Loisel, un portraict ou plustôt un marmost, en un coing et dehors le chœur de l'église de Notre-Dame-de-Paris, et contre lequel les bonnes femmes et les petits enfants allaient attacher des chandelles, afin de lui brusler le nez par dérision (1). » Pour toute vengeance, Pierre de Cugnières se borna à introduire les appels comme d'abus qui allaient porter un coup mortel à la juridiction ecclésiastique. On nommait appels comme d'abus, les plaintes dirigées contre les sentences injustes ou incompétentes, émanant des tribunaux d'église. Cette sage institution n'était d'ailleurs qu'une faible imitation de la fameuse loi *præmunire*, publiée en Angleterre, dès le règne d'Edouard III, et d'après laquelle, toute personne qui recourait à la juridiction ecclésiastique, alors qu'elle n'était pas compétente, était punie d'une forte amende (2).

Pierre de Cugnières, entouré de l'estime et de la considération publiques, ne tarda pas à être élevé au titre de

---

(1) Dialog. des adv. Camus, t. 1, p. 164. — Dubreuil, Ant. Paris, l. 2, p. 27. — Plus tard, le jésuite Gautier, en sa table chronographique, imprimée à Lyon, en 1609, devait le mettre au rang des hérétiques, et Bonald, autre jésuite, dans sa réponse à l'anticoton, imprimée à Paris, en 1611, devait le traiter d'homme d'infâme mémoire.

(2) Voltaire. Essai sur les mœurs, t, 2, p. 394.

chevalier. Guillaume de Nogaret avait déjà porté ce même titre.

Il y avait en effet, à cette époque, deux sortes de chevaleries, la chevalerie militaire et la chevalerie ès-lois. L'exercice de la profession d'avocat, sans aucun reproche pendant un certain nombre d'années, que Barthole fixe à dix ans (1), donnait droit à cette dernière chevalerie. Elle était conférée par le roi ou par un chevalier délégué *ad hoc*, et les cérémonies étaient absolument les mêmes que celles de la chevalerie d'armes. Le droit romain, dont les dispositions étaient alors des oracles, avait déjà consacré cette assimilation de l'avocat avec le militaire. « Qu'on ne croie pas, disent les empereurs Léon et Anthémius, que nous ayons exclusivement placé le salut de notre empire sous la protection des lances, des boucliers et des cuirasses. Nous regardons les avocats aussi comme militaires et comme tenant un rang distingué parmi les défenseurs de l'Empire.... Ils ne sont pas moins utiles au genre humain, que s'ils s'exposaient aux combats et aux blessures pour le salut de la patrie et de ceux qui leur sont chers... Ce sont de véritables soldats, eux qui.... défendent, en se servant de leur éloquence comme d'un rempart inaccessible, l'honneur, la vie et la famille de tous ceux qui se trouvent en péril (2). » Aussi, Bouteiller, tenait-il le même langage dans sa Somme rurale et récla-

(1) Barthole. Ad lib. 1, c. de professoribus.

(2) C. 12, 6, l. 14.

mait-il hautement pour les avocats la chevalerie que leur accordaient déjà l'usage et l'opinion publique (1). « Or scachez, dit-il, que le fait de advocacerie si est tenu et compté pour chevalerie; car tout comme les chevaliers sont tenus de combatre pour le droict, à l'épée, ainsi sont tenus les advocats de soutenir le droict de leur practique et science, et pour ce, sont-ils appelés en droict escrit chevaliers. »

C'est de là, Messieurs, selon toute évidence, que vient la dénomination d'ordre qui nous distingue des autres réunions de personnes appartenant à la même profession. Bien que les avocats ne fussent pas tous chevaliers, ils étaient tous appelés à l'être, et virent dès-lors dans leur réunion un véritable *ordre* de chevalerie, de chevaliers lettrés (*milites litterati*).

Trois ordonnances utiles, dictées comme toujours par

---

(1) Les écrivains du temps avaient l'habitude de placer constamment sur la même ligne les avocats et les chevaliers. C'est ainsi qu'Eustache des Champs, en parlant de la mort, s'exprime en ces termes :

La mort à tous s'applique.
Nuls advocats pour quelconque replique,
Ne chevalier tant ait hermine figue,
Ne saict plaidier sans passer ce passage.
(Sainte-Paloye, t. 1, p. 341.)

Et ailleurs le poète, en s'adressant à la *Vérité*, trouve étrange que les avocats et docteurs ès-lois portent le même costume que les chevaliers, et lui demande si cet usage est raisonnable. (Ibid., p. 455. V. Fournel, hist. des avoc., t. 1, p. 271.)

les légistes, marquent la fin du règne de Philippe-de-Valois. Une première, du 10 juillet 1336 (1), abolit le droit odieux perçu par un certain nombre de seigneurs et évêques, sur les trois premières nuits des nouveaux mariés (2). Une seconde, du mois de juin 1338, supprime les mangeurs. On appelait ainsi des valets de sergents, que les créanciers plaçaient en garnison chez leur débiteur pour y vivre à pot et à rôt, jusqu'à l'acquittement de la dette. Ceux-ci remplissaient si consciencieusement leur mission qu'ils arrivaient en quelque temps à manger, c'est-à-dire à ruiner le malheureux débiteur. Mais le roi prend bien soin de les maintenir toutes les fois qu'il s'agit d'une créance qui le concerne (3). Enfin une dernière est celle du 11 mars 1344, relative au barreau et à la discipline du palais, qui forme un corps complet de discipline fort intéressant et curieux à parcourir (4). Ce fut cette ordonnance qui introduisit pour la première fois la dénomination de premier

---

(1) Ordonn. du Louvre, t. 1, p. 117.

(2) Et encore les habitudes étaient-elles tellement enracinées à cet égard, qu'elles ne respectèrent même pas la prohibition de l'ordonnance de 1336, et que le Parlement fut obligé d'intervenir, en 1406, entre l'évêque d'Amiens et les personnes soumises à sa juridiction, et de rendre un arrêt rapporté par Ragueau dans son Glossaire « portant deffense à l'évêque d'Amiens qu'il ne prît ni exige argent des nouveaux mariés pour leur donner congié de coucher avec leurs femmes les première, seconde et troisième nuits de leurs noces. » (Montesquieu. Esprit des lois, liv. 28 et 40.)

(3) Voy. Fournel. Histoire des avocats, t. 1, p. 193.

(4) Ordonn. du Louvre, t. 2, p. 220.

président. Celui qui en faisait les fonctions était appelé jusqu'alors souverain ou maître du Parlement, Simon de Bucy, avocat d'un grand mérite, décoré, en 1330, de la chevalerie, fut nommé premier président, en 1344, et connu le premier sous ce titre (1).

Le règne de Jean II, qui succédait à Philippe de Valois, fut fécond en désastres de toute nature, et plusieurs avocats devaient payer de leur vie leur attachement à cette triste royauté.

Jean II parut cependant, dans les premiers moments de son règne, désireux d'obéir aux instances de son père qui l'avait fait appeler à son lit de mort, pour l'engager à faire la paix, si l'on pouvait, à maintenir l'ordre de la justice, surtout à soulager les peuples « et autres belles choses, dit Mézerai, que les princes recommandent plus souvent à leurs successeurs en mourant qu'ils ne les pratiquent en leur vivant. » Sur les conseils des légistes qui l'entouraient, et particulièrement de Regnauld d'Acy ou d'Ay, il publia en octobre 1351, une ordonnance « pour le bien, utilité et réformation du royaume (2). » On sentait déjà le besoin d'une législation précise et arrêtée, et l'art. 4 contient, en germe, le principe de la rédaction des coutumes, mis à exécution deux siècles plus tard. Il porte « que des personnes de science et de probité seront envoyées dans les sénéchaussées et bailliages du royaume pour s'informer des

---

(1) Loisel. Dialogue des avocats. Camus, t. 1, p. 179.

(2) Ordonn. du Louvre, t. 2, p. 459.

anciennes coutumes du royaume, et comme on en usait au temps de St-Louis; voulant que si, à compter de cette époque, ils trouvaient que quelques coutumes fussent abolies et qu'on en eût introduit d'autres qui fussent abusives, ils eussent à révoquer celles-ci, en ramenant les choses à leur premier état, et en faisant enregistrer leur décision pour plus grande notoriété. » La même ordonnance défend aux baillis et sénéchaux « de recevoir des plaideurs aucuns présents, si ce n'est choses à boire et à manger, et encore sous la condition que les comestibles seront d'un prix modique et en si petite quantité qu'ils ne puissent pas excéder la consommation d'un jour. »

Mais ce premier accès de zèle pour les intérêts publics ne fut pas de longue durée; les altérations de monnaie recommencèrent bientôt dans une proportion effrayante; en même temps le roi ne cessait de demander des subsides aux états provinciaux qui furent assemblés à plusieurs reprises dans tout le royaume, de 1351 à 1355. Ces ressources ne suffisant pas aux profusions inouïes déployées par le roi et ses favoris, et la guerre étant sur le point d'éclater de nouveau avec le roi d'Angleterre, Jean II convoqua les Etats-Généraux pour en obtenir de l'argent et des troupes.

Ceux de la langue d'Oil, c'est-à-dire de pays coutumier, dans lequel on reconnaissait pourtant le Lyonnais, quoique pays de droit écrit, s'assemblèrent dans la grande chambre du Parlement, à Paris, le 2 décembre de l'année 1355. Ce fut un ancien professeur de droit canon et de droit civil, à Orléans et à Angers, puis avocat à Paris, nommé ensuite avocat du roi, élevé à l'archevêché de Rouen, et enfin devenu chancelier, Pierre de la Forest, qui, en cette dernière qualité, prononça le discours d'ouverture. Il requit les Etats de se concerter « sur l'aide qu'ils pouvaient faire au roi pour les frais de la guerre et pour ce qu'il avait été ouï que les sujets du royaume s'estimaient fortement grièvés de la mutation des monnaies; ledit chancelier offrit, au nom du roi, de faire forte monnaie et durable, pourvu qu'on lui fît aide suffisant pour la guerre (1). »

Les députés des trois ordres, avant toute délibération sur les demandes qui leur étaient soumises, déclarèrent solennellement qu'aucun règlement n'aurait force de loi, qu'autant qu'il serait approuvé des trois ordres, et que l'ordre qui aurait refusé son consentement ne serait pas lié par le vote des deux autres. Le Tiers-Etat s'élevait ainsi sans transition et comme d'un seul bond à la hauteur du clergé et de la noblesse. Puis les députés décrétèrent qu'on mettrait à la disposition du roi trente mille hommes d'armes, mais que l'impôt nécessaire à l'entretien de cette armée serait prélevé sur tout citoyen, sans en excepter même le roi, ni les membres de sa famille, et que la levée et la régie de l'imposition seraient placées entre les mains de personnes choisies par les Etats-Généraux eux-mêmes; toutes choses qui furent consenties et approuvées par Jean II. L'égalité devant l'impôt était proclamée désormais. « C'est ainsi, dit Chateaubriand, que les principes popu-

(1) Chronique de Saint-Denis. Vie de Jean II.

laires se font jour de temps en temps, comme les volcans, malgré les masses qui pèsent sur eux (1). »

L'initiative généreuse de certains avocats, parmi lesquels il faut nommer Robert Lecoq, le fidèle allié d'Etienne Marcel, prévôt des marchands, ne fut sans doute pas étrangère à la propagation de ces idées vraiment libérales qui contrastent si vivement avec les lumières et la civilisation du XIVe siècle.

Vous savez, Messieurs, ce que rapportèrent les sacrifices imposés au pays par les Etats-Généraux, une ignominieuse défaite à Poitiers, où le roi lui-même fut fait prisonnier. De nouvelles ressources devenaient nécessaires pour défendre le pays et délivrer le roi. Les Etats-Généraux furent convoqués une seconde fois. Le chancelier Pierre de la Forest archevêque de Rouen, prit la parole au nom du duc de Normandie, Charles, régent de France, et exposa « comment le roi avait été pris par grande infortune et comment chacun devait mettre prix à sa délivrance, et demanda aide à cet effet. »

Les trois ordres répondirent « qu'ils feraient ce que pourraient aux fins susdites, et requirent délai pour délibérer. » Une commission de 80 membres fut nommée pour proposer et discuter les réformes à introduire dans le royaume. Dans cette commission figuraient Etienne Marcel et Robert Lecoq.

« Robert Lecoq était d'une famille de magistrats; fils

---

(1) Châteaubriand. Discours historiques, t. 4.

d'un bailli de Rouen, il avait été avocat au Parlement de Paris, puis avocat du roi, puis maître des requêtes de l'hôtel; sa promotion à l'évêché de Laon ne fit que l'engager plus avant dans les affaires; il entra au conseil du roi, qui le fit un des présidents clercs du Parlement et qui le chargea d'importantes commissions administratives et diplomatiques ; sa fortune était donc assez haute pour satisfaire son ambition, et les historiens les plus défavorables à Lecoq et à Marcel, avouent qu'on ne saurait découvrir quel intérêt engagea l'évêque de Laon à se déclarer contre l'autorité royale. Il n'y avait en effet aucun intérêt personnel, mais il connaissait mieux que personne les maux du pays et leurs causes, et il voulait sincèrement y porter remède (1). »

Les quatre-vingts membres des Etats, réunis dans le couvent des Cordeliers, qui devait plus tard servir d'asile au fameux club de ce nom, se laissent entraîner par l'éloquence de Robert Lecoq et d'Etienne Marcel, et rédigent un long programme de réformes, parmi lesquelles ils exigent la destitution d'un certain nombre de personnages qui formaient le conseil du Dauphin, et dont plusieurs étaient ou magistrats du Parlement ou avocats distingués. Le Dauphin, effrayé, prend un parti énergique; il dissout les Etats avant même que le rapport du comité des quatre-vingts membres n'ait été présenté. Un certain nombre de députés se réunissent, une dernière fois, aux Cordeliers

(1) Henri Martin. Histoire de France, t. 5, p. 159 et 160.

pour protester : Robert Lecoq donne lecture du travail de la commission, expose aux assistants « comme quoi le duc, après leur avoir requis conseil et aide, ne les voulait point ouïr, et invite chacun d'eux à prendre copie des choses ordonnées par les élus, pour les emporter en son pays (1). »

Je ne pourrais, Messieurs, entrer dans le détail des événements politiques auxquels nous trouvons associé Robert Lecoq, sans dépasser les bornes permises, si malheureusement ce n'est déjà fait. Qu'il me suffise de dire que nous le rencontrons toujours à côté d'Etienne Marcel, dont il partagea la popularité et le pouvoir passagers. Plus heureux toutefois que ce dernier, il échappa à la mort et fut compris dans l'amnistie, par le traité de Bretigny, mais à condition qu'il sortirait du royaume. Il passa en Espagne, où il mourut obscur et ignoré.

Le triomphe momentané de Marcel et de ses partisans amena des scènes sanglantes. Je vous ai dit que les Etats-Généraux avaient demandé la destitution de certains avocats qui faisaient partie du conseil du Dauphin. Dans ce nombre était Pierre de La Forest et Regnault d'Acy ou d'Ay. Une ordonnance signée du Dauphin, alors sous la tutelle et les ordres de Marcel, avait fait droit à cette requête, et les avait déboutés de leurs offices « comme indignes et non suffisants. » Ce n'était pas assez pour le peuple ameuté. Sa première victime fut l'avocat Regnault d'Acy, « homme probe et instruit, qui jouissait d'une haute consi-

(1) Voy. chron. de Saint-Denis.

dération ; assailli à l'improviste en sortant de chez le Dauphin, il fut poursuivi et massacré dans une boutique de pâtissier, située rue Juiverie, où il avait inutilement cherché un réfuge (1). » D'autres avocats, au nombre de douze, parmi lesquels, Pierre Dupuiset (2), Jean Filleul, Jean de Rumigny, Jacques du Châtel (3), périrent comme lui sous les coups de la fureur populaire, et ne nous sont connus que par leur mort tragique. Quant à Pierre de La Forest, il fut assez heureux pour pouvoir gagner l'Angleterre, où il resta à l'abri de toutes nouvelles poursuites.

Lorsque Marcel, au moment de livrer Paris à Charles-le-Mauvais, fut assassiné par ses propres partisans, ce furent deux anciens avocats, J. Alphonse et Jean Pastouret (4), qui furent envoyés en ambassadeurs auprès du régent pour implorer sa clémence et le prier de rentrer dans Paris, et d'y rétablir le calme et la tranquillité.

Le premier soin du régent fut de nommer une commission provisoire, en attendant qu'un nouveau Parlement fut constitué, pour ne pas laisser plus longtemps le cours de la justice interrompu. Bientôt, le 19 mars 1353 (5), il publiait une ordonnance relative à la compétence du Parlement. Deux dispositions intéressantes méritent d'y être remarquées. L'une est un acheminement, au moins théori-

(1) Loisel. Voy. Camus, t. 1, p. 180.

(2) Loisel. Voy. Camus, t. 1, p. 180.

(3) Fournel. Hist. des av., t. 1, p. 354. — Voy. chron. de St-Denis.

(4) Fournel. Hist. des av., t. 1, p. 352. — Voy. chron. de St Denis.

(5) Fournel. Hist. des av., t. 1, p. 320. — Voy. chron. de St-Denis.

que, à l'unité de juridiction, car il y est dit « que le Parlement de Paris est la justice capitale et souveraine de tout le royaume de France. » La seconde disposition lui ordonne de n'avoir aucun égard « aux lettres-patentes ou closes du roi, qui ne soient revêtues de son sceau, et même signées de sa main, ni à ordre quelconque donné valablement, s'il jugeait que ces lettres fussent en opposition avec les lois du royaume. » C'est dans cette disposition que le Parlement puisera désormais son droit d'intervention dans les affaires publiques, et en se fondant sur ces termes, qu'il s'opposera quelquefois avec une juste fermeté à l'enregistrement des édits royaux.

En même temps le régent s'occupait de la délivrance du roi Jean. Un projet honteux de traité, à cet effet, fut proposé et rejeté par les trois ordres des Etats. Guillaume de Dormans, avocat du roi, du haut du perron de marbre de la cour, lut le traité au peuple assemblé : le peuple s'écria : « que ledit traité n'était point passable, ni faisable, et que toute la nation était résolue de faire bonne guerre au roi Anglais (1). » Ce Guillaume de Dormans, dont il est ici question, était le fils d'un procureur au Parlement, natif de Dormans en Beauvoisis, et qui prit le nom du lieu de sa naissance. Il avait un frère aîné nommé Jean de Dormans, avocat comme lui, qui fut chancelier de France, et auquel il devait succéder dans ce poste d'honneur (2).

(1) Froissart, part. 2, c. 99. — Voy. chron. de Saint-Denis.

(2) Loisel. Voy. Camus, t. i, p. 180.

Une négociation nouvelle suivit de près ce premier essai infructueux. Le régent nomma plusieurs plénipotentiaires, parmi lesquels on remarque deux avocats, Guillaume de Dormans, que je viens de citer, et Jean Desmares ou Jean Desmarets, dont je m'occuperai tout-à-l'heure, et qui est l'une des figures les plus belles et les plus imposantes du XIVe siècle. Après une semaine de conférences, le traité de Bretigny fut signé le 8 mai 1360. Avant de ratifier les dures conditions auxquelles il assujettissait la France, le régent convoqua les notables de Paris, en présence desquels il fit lire le traité par l'avocat Jean Desmarets, et toute l'assemblée ayant paru satisfaite de sa teneur, le régent le signa à son tour, et en jura l'observation (1).

Jean II survécut peu à sa délivrance. Le royaume épuisé, n'ayant pu parfaire la rançon promise, il retourna à Londres, où il mourut captif en 1364.

Sous le règne réparateur de Charles V, justement surnommé le Sage, les avocats reprirent l'influence qu'ils avaient perdue pendant les troubles du règne précédent. La considération dont ils jouirent auprès du roi était si grande, qu'il n'hésita pas à placer dans le conseil de tutelle qu'il instituait en 1374, pour son fils mineur, à côté des princes du sang et des plus illustres personnages, plusieurs avocats du Parlement de Paris, qui exerçaient alors, ou étaient récemment sortis de cet ordre pour entrer dans la magistrature. C'est ainsi que l'histoire a retracé

---

(1) Froissard. Chron., part. 2, c. 131.

les noms d'Arnaud de Corbie, qui devait devenir premier président et chancelier de France, d'Etienne de la Grange, de Dubois, d'Evrard de Cromagon, de Jean Barruel, de Jean Pastourel et de Jean d'Acy (1).

Parmi les nombreuses ordonnances qui signalent le règne de Charles V, trois surtout importent à mentionner. Une première, du 16 décembre 1364, voulant remédier aux lenteurs des procédures et aux retards des hommes d'affaires, prononce une amende contre l'avocat qui ne serait pas prêt au jour fixé : « Nous voulons et commandons, se défaut y a par l'avocat qui se sera chargé de l'affaire, que tantôt et sans délai, et sans aucun déport, dix livres parisis soient levées sur ses biens, applicables aux frais de la chapelle, où l'on chante continuellement, du Palais ou de l'Hôtel-Dieu (2). » Elle n'est plus en vigueur de nos jours. Une deuxième, du 22 juillet 1270, met un terme à l'abus des lettres de surséance ou d'évocation. Par une ordonnance du mois de novembre 1328, je vous ai dit, Messieurs, que Philippe de Valois avait réservé certaines causes pour être plaidées devant le roi. Il arrivait que toute partie, voulant faire traîner en longueur un procès, sollicitait une lettre de surséance, qu'elle obtenait facilement et sans examen, et faisait porter la cause sur le rôle du roi, très rarement mis à jour. Charles V ordonne au Parlement de passer outre et de juger, s'il le croit utile ou néces-

(1) Fournel. Hist. des avoc., t. 1, p. 308.

(2) Fournel. Histoire des avocats, t. 1, p. 333.

saire, nonobstant toutes lettres de cette nature (1). La troisième ordonnance, du 3 juillet 1371 (2), est malheureusement une satisfaction donnée aux idées du temps, et un pas rétrograde dans la voie du progrès. Elle concerne les débiteurs excommuniés pour dettes. J'ai dû vous rappeler quel étrange abus on faisait alors des excommunications. Mais une arme dont on se sert ainsi, à tout propos, ne tarde pas à s'émousser; c'est ce qui était arrivé, et c'est pour remédier à cet ordre de choses que fut rendue l'ordonnance dont il s'agit, sur la requête de l'évêque de Langres (3). Le roi, ému de ses plaintes, décrète que tout excommunié depuis un an, sera dénoncé au juge, qui lui enjoindra de se procurer sans délai l'absolution, sous peine

---

(1) Fournel. Histoire des avocats, t. 1, p. 324.

(2) Fournel. Histoire des avocats, t. 1, p. 326 et suiv.

(3) Il exposait au roi « que, dans son diocèse, il se trouvait une prodigieuse quantité de personnes frappées d'excommunication de vieille date, telles que dix, douze et vingt ans; que ces excommuniés endurcis dans l'impiété envisageaient avec intrépidité le chemin de l'enfer; qu'ils devenaient souvent la cause de grands troubles dans les églises où ils se présentaient, parce que leur présence faisait cesser l'office divin; que ces excommuniés sont d'autant plus répréhensibles dans leur insouciance, que ce sont pour la plupart des gens aisés et même riches, qui pourraient bien, s'ils le voulaient, s'acquitter envers leurs créanciers et se procurer à peu de frais le bénéfice de l'absolution; qu'au lieu de cela, ils préfèrent de rester en état de réprobation, au grand scandale des fidèles et au détriment de leurs créanciers; et qu'il n'y a que l'autorité royale qui puisse réprimer ce désordre. »

de saisie de ses biens et d'expropriation, mais en même temps il défend à l'archidiacre ou à l'évêque, d'exiger, pour l'absolution dont il s'agit, un prix trop élevé et au-dessus des bornes raisonnables. »

C'est également, Messieurs, sous le règne de Charles V, qu'il faut placer l'apparition, en France, de deux ouvrages qui y firent sensation. Le premier est le Songe du Vergier, attribué à la plume d'un avocat, Raoul de Presle, fils naturel, dit-on, de cet autre Raoul de Presle dont je vous ai parlé, et qui supporta si courageusement les douleurs de la torture. Le Songe du Vergier est destiné à combattre les prétentions de la papauté à la suprématie temporelle, prétentions si vivement attaquées par les légistes de Philippe-le-Bel, et que la cour de Rome n'en faisait pas moins reparaître sans cesse à chaque occasion favorable. « C'est un livre plein de doctrine et d'érudition », dit Pasquier (1), sous la forme d'un songe, à l'imitation du célèbre roman de la Rose, songe que l'auteur aurait eu pendant qu'il était endormi dans un verger. Il aurait vu alors « deux roynes, la puissance spirituelle et la temporelle, qui soustenaient diversement leurs grandeurs devant le roy, par deux avocats, dont l'un portait le nom de Clerc pour la puissance spirituelle; l'autre, celui de Chevalier pour la temporelle (2). » Il va sans dire que le défenseur de la puissance

---

(1) Rech. sur la France, t. 1, p. 157.

(2) Etienne Pasquier, que je viens de citer, juge cet ouvrage « un placard digne d'être enchâssé dans son livre, » et en donne l'analyse

temporelle finit par vaincre son adversaire et le réduire au silence.

---

dans les termes suivants : « Le clerc, par plusieurs grandes authorités, soustient que le pape a toute puissance sur les roys et monarques, et non-seulement sur leurs consciences, mais aussi sur leurs temporels et royaumes. Chose qu'il prouve non point par authorités sophistiques, telles qu'un tas de copistes ignorants de cour de Rome ont voulu faire passer pour constitutions décrétales, quand ils disent qu'il y a deux grands luminaires, le grand et le petit, plus que *in principio Deus creavit cœlum et terram*, et que saint Jean n'avait point dit : *in principiis*, pour monstrer que le ciel et la terre obéissaient au seul siége de Rome, et autres telles frivoles qui viennent plus au scandale qu'augmentation de la dignité du Saint-Siége; mais bien d'une plus haute luite pour terrasser le chevalier, il remonstre que Notre-Seigneur Jésus-Christ estait seigneur de toutes choses spirituelles et temporelles, auquel estait, par l'organe du roy David, prophète de Dieu, dict : demande-moy et je te donnerai gens et héritages, et seront tes possessions jusqu'à la fin de la terre; et ailleurs qu'il estait seigneur des seigneurs et roy des roys; et en un autre passage, qu'au Seigneur appartenaient la terre et ses appartenances. Leçon qui n'était point escrite de la main des hommes, ains envoyée de Dieu et dictée par son sainct esprit. De laquelle nous pouvons recueillir l'authorité du Saint-Siége, parce que nous ne révoquions point en doute que saint Pierre ne fuct le grand-vicaire de Notre-Seigneur Jésus-Christ. Conséquemment que tous ces mêmes priviléges avaient été transmis en luy et ses successeurs. Qui ne sont pas petites remarques pour monstrer que les papes ne se donnent point sous faux tiltre l'authorité sur les roys. Toutesfois le chevalier y répond si pertinemment, que je m'asseure que celuy qui lira ce présent discours sans estre préoccupé de passion, lui donnera gain de cause. Parce, dit-il, qu'il faut considérer en Notre-Seigneur deux temps, celuy d'humilité

Le Songe du Vergier, premier ouvrage sérieux, sur ces matières, fut accueilli par le plus grand succès, et Pierre Pithou jugea à propos de le faire imprimer en entier, à la suite de son remarquable Traité des Liberté de l'église de France.

Le second ouvrage dont j'ai parlé, est un formulaire singulier de toutes les pratiques de notre ancienne procédure, sous le titre de Bélial ou de Procès de Bélial à l'encontre de Jésus. Il appartenait probablement à quelque jurisconsulte italien, et avait été apporté d'Italie, lors de l'établissement des papes à Avignon. « Salomon est le premier juge de ce procès, et Moïse est l'avocat de Jésus-Christ. Le diable plaide lui-même sa cause, car il est plus fort en chicane que tout le barreau. On fait une enquête,

---

avant sa mort et passion, et celuy de gloire, lorsqu'après sa résurrection, il est monté aux cieux. Que tous les passages que l'on allègue de David se rapportent au temps de sa gloire ; mais quant à son estat d'humilité, il ne se voulut jamais donner aucunes prérogatives sur les biens et encore moins sur les princes et seigneurs terriens. Et c'est pourquoy étant semonds par quelques particuliers de vouloir estre arbitre de leurs paccages, il respondit qu'il n'estait venu en ce bas estre à cet effect, et refusa de s'en mesler. D'ailleurs il dit qu'il fallait rendre à César ce qui appartenait à César. Et estant mesme devant Pilate, il recogneut franchement que son royaume n'estait de ce bas monde. Concluant, le chevalier, que quand Notre-Seigneur feict saint Pierre son vicaire, c'avait esté pour le supplanter en l'estat d'humilité, non en celuy de sa majesté et gloire ; comme aussy luy donna-t-il fermement les clefs des cieux non de la terre, pour nous enseigner qu'il lui donnait seulement la charge du spirituel. »

on entend des témoins, David, Isaïe, Ezéchiel et St-Jean-Baptiste, sont du nombre. Ces témoins sont favorables à Jésus-Christ. Cependant Bélial se défend comme un diable. On plaide sur le possessoire et le pétitoire. Enfin Salomon prononce en faveur du fils de Dieu. On croit le diable vaincu; mais il en appelle au juge souverain, qui ne peut être que Dieu le père. L'affaire est portée devant ce suprême magistrat, quoi qu'il soit père de la partie adverse. Le diable ne le récuse pas, mais propose un compromis. Aristote est arbitre du côté de Jésus-Christ, mais Jérémie est du côté du diable. Isaïe qui est le troisième, décide la question. On juge bien que le diable perd enfin son procès. Les juifs et les païens, qui sont intervenus, sont également condamnés. Les Chrétiens, pécheurs de tous états, seraient peut-être traités plus sévèrement, si la Ste-Vierge n'intervenait ici pour eux (1). »

Telle est l'analyse de ce traité bizarre, du reste précédé par un autre de même nature, publié en 1315, sous le titre de : Procès de Satan contre la Vierge Marie en présence de Jésus.

Le règne de Charles VI, qui succédait à Charles V, fut, Messieurs, l'un des plus malheureux de notre histoire. « Ce règne, a dit l'abbé Velly, n'est qu'un cahos d'horreurs, dont une honteuse servitude allait devenir le prix. » Les commencements, qui seuls doivent m'occuper, en furent souillés par d'injustes et sanglantes exécutions, dont plusieurs avocats furent les tristes victimes.

---

(1) Voy. mélanges d'une grande bibliothèque, lettre E, p. 19.

A peine les funérailles de Charles V étaient-elles terminées, qu'une contestation très vive s'engagea entre les ducs d'Anjou, de Bourbon, de Berry et de Bourgogne, oncles de Charles VI, au sujet du Conseil de régence, institué par l'ordonnance de 1374. Une assemblée des plus grands personnages de l'Etat fut convoquée. Le chancelier Pierre d'Orgemont prit la parole et réclama énergiquement l'exécution des dernières volontés du roi, c'est-à-dire le sacre immédiat de son fils et la suppression de toute régence. L'avocat général Desmarets que nous avons déjà vu figurer en qualité de plénipotentiaire au traité de Brettigny, lui succéda et laissa échapper dans son discours quelques traits favorables au duc d'Anjou, qui réclamait au contraire la tutelle et la régence. Ces paroles indisposèrent les autres princes. Du moins, c'est là le seul tort que ses ennemis osèrent lui reprocher. D'ailleurs, on l'a fait remarquer avec raison, quand il serait vrai que Jean Desmarets eût appuyé de son éloquence les droits incontestables du duc d'Anjou, en qualité de premier prince du sang, cet avocat, organe des lois, n'aurait fait que remplir un devoir indispensable, puisqu'il s'agissait de maintenir les constitutions du royaume. Ce qui prouve que dans cette circonstance, il n'obéissait à aucuns sentiments d'intérêt personnel, mais aux seules inspirations de sa conscience, c'est qu'il employait en même temps tous ses efforts à ramener la concorde entre les princes, en engageant le duc d'Anjou à transiger et à faire l'abandon de ses droits plutôt que de compromettre la tranquillité publique. Ce fut sur ses avis qu'on nomma des arbitres pour trancher le différend. Jean Desmarets eut le dangereux honneur d'être l'un de ces arbitres. Leur décision fut homologuée par le Parlement et acceptée par les princes. Le jeune roi fut en conséquence émancipé, et les ducs, ses oncles, se partagèrent l'administration et le gouvernement des provinces.

Les déprédations commencèrent bientôt de la part des ducs. Une première émeute éclate à Paris, et le peuple demande la suppression des impôts promise à son lit de mort par Charles V. La cour hésite, mais se trouvant sans défense elle finit par céder, et c'est l'avocat Jean Desmarets, dont la voix est aimée du peuple, qui est chargé de lui annoncer cette abolition. Il prend pour texte de son discours les paroles suivantes : *novus rex, nova lex, novum gaudium*. Le calme revint après ces concessions, mais il fut de courte durée. Bientôt les princes ayant voulu rétablir les subsides qu'ils venaient de supprimer, une nouvelle révolte, connue sous le nom de Révolte des Maillotins, plus terrible et plus sanglante que la première, fait explosion dans Paris. Les receveurs des impôts, les adjudicataires des fermes et les collecteurs sont massacrés. L'évêque, le prévôt royal, les conseillers du roi, un grand nombre de bourgeois prennent la fuite effrayés (1). Desmarets reste seul au milieu du peuple ameuté, et apaise l'orage ; il était éloquent, on respectait sa vertu ; vieilli dans les emplois publics, sous quatre rois, il jouissait de la considéra-

(1) Henri Martin. Histoire de France, t. 5, p. 308.

tion due à ses talents et à son intégrité, il en fit usage, et « rendit le plus grand service d'un homme en place, qui a le devoir de ne pas commettre à la fortune le salut de la patrie (1). »

Mais ce n'était pas tout d'apaiser la colère du peuple, il fallait apaiser celle du roi et de ses oncles irrités. Ce fut encore Desmarets qui se chargea de cette mission difficile ; ses instances obtinrent la grâce qu'il sollicitait, et comme il était infirme et ne pouvait marcher, il se fit porter en litière pour annoncer cette bonne nouvelle au peuple, qui ne la reçut que d'un air morne et farouche, présage infaillible de nouveaux soulèvements.

A peine, en effet, le roi s'est-il éloigné pour la guerre de Flandre, que Paris se révolte une troisième fois. Mais Charles, vainqueur des Flamands, ne tarda pas à y rentrer en maître irrité, et cette fois sa vengeance fut terrible. « On ne voyait chaque jour que gens pendus ou décollés à Montfaucon, aux Halles, à la Grève, sans compter ceux qu'on jetait à la Seine (2). »

Le 27 janvier, une exécution plus horrible couronna toutes les autres. Douze des hommes les plus notables et les plus respectés de Paris, furent placés ensemble sur un char funèbre et conduits à la mort. La surprise et la consternation furent générales, quand on aperçut « séant sur une planche au-dessus des autres » le vénérable avocat Jean Des-

---

(1) Voy. Hist. de France de l'abbé Velly, t. 6, règne de Charles VI.

(2) Henri Martin. Histoire de France, t. 5, p. 389.

marets, ancien membre du grand conseil royal, serviteur habile et dévoué des rois Philippe, Jean et Charles V, qui avait su durant sa longue carrière, gagner à la fois l'estime des grands et celle du peuple (1). Loin d'être complice des désordres publics, il les avait souvent prévenus ou réparés et toujours condamnés, « oncques il ne fut vu ne trouvé en nul forfait. » Pendant le trajet, il exhortait au courage ceux qui étaient comme lui traînés au supplice et parmi lesquels on voyait deux autres avocats, Guillaume de Sens et Martin Doublé ; il répétait aussi ces paroles de David : « *Judica me Domine et discerne causam meam de gente non sanctâ.* » Il fut exécuté après tous ses compagnons d'infortune. « Quand on vint pour le décoller, raconte un historien contemporain, on lui dit : « Maître « Jehan, criez mercy au roy afin qu'il vous pardonne vos « forfaicts. » Adonc se tourna-t-il et dit : « J'ai servi au roi « Philippe son grand ayeul, au roi Jehan et au roi Charles « son père bien et loyaument; nonque ces trois rois ne me « sçurent que demander, et ne me ferait cettuy-ci s'il avait « âge et connaissance d'homme, et crois bien que de me « juger il ne soit en rien coupable. Si n'ai que faire de lui « crier mercy, mais à Dieu seul veuil crier mercy et non à « autre. » Adoncques prit-il congé du peuple dont la « greigneure partie pleurait pour lui, et en cet estat mou« rut maître Jehan Desmarets (2). »

(1) Henri Martin. Histoire de France, t. 5, p. 390.

(2) Froissard. Chron., 2, p. 264.

Jean Desmarets était l'auteur d'un recueil de décisions rapportées à la fin du commentaire de Brodeau, sur la coutume de Paris.

Tous les historiens sont d'accord pour flétrir d'une voix unanime cette odieuse exécution. Elle est regardé par Villaret comme un des événements les plus honteux de ce règne, si bien partagé en horreurs de tous genres, et comme un de ceux qui contribuèrent le plus aux calamités publiques.

Il ne me reste plus, Messieurs, pour en avoir fini avec les avocats du XIVe siècle, qu'à mentionner quelques noms qui ont échappé à l'oubli et se déchiffrent encore à travers la poussière du passé. Je citerai : Pierre de Fontebrac, contemporain et confrère de Jean Desmarets, qui se tenant prudemment à l'écart des affaires politiques, s'adonna particulièrement à l'étude du droit canon et obtint le chapeau de cardinal (1); Jean Lecoq, auteur d'un recueil de décisions, et défenseur de Jacques le Gris, accusé du viol de la Dame de Carrouge (2); Blondel, démocrate ardent, choisi par le peuple, en 1359, pour aller réclamer la liberté des détenus auprès du régent (3); Martin Doublé, immolé avec Jean Desmarets, dans la boucherie de 1382, et auteur de l'introduction de cette maxime au palais, que les bâtards ne peuvent recevoir aucun legs de leur père et mère au-delà d'une pension alimentaire, dont Loisel a fait une de ses règles de

(1) Loisel. Voy. Camus, t. 1, p. 183.

(2) Loisel. Voy. Camus, t. 1, p. 184.

(3) Fournel. Histoire des avocats, t. 1, p. 350.

droit (1); Jean Couard, qui introduisit ce principe : que les deniers employés en achats d'héritages doivent être réputés immeubles, décision adoptée par plusieurs arrêts de parlement, et consacrée par l'art. 35 de la cour de Paris (2); Clément de Reillac, qui, « poursuivi par le prieur de Notre-Dame-des-Champs, pour la restitution d'une pièce qui lui avait été baillée, fut cru de la lui avoir rendue et absous sur sa simple parole (3); » Jean de Neuilly, signalé par la violence de ses plaidoiries, et dont l'une notamment le fit condamner personnellement à une amende pour avoir injurié ses parties adverses (4); enfin, Juvénal des Ursins, dont le beau nom historique appartient surtout au siècle suivant.

Nous voici arrivés, Messieurs, sur le seuil du xve siècle; ce n'est pas là que s'arrête l'action incessante des avocats et des légistes, mais vos forces et les miennes nous interdisent de les suivre plus loin. Pardonnez-moi les longueurs et les fatigues, déjà trop pénibles, d'une route inconnue dont je ne prévoyais pas au début toute la durée, et dans laquelle vous avez bien voulu, avec trop de confiance peut-être, vous engager à ma suite.

Je viens de parcourir avec vous les premières pages du livre immense qui contient l'histoire de la vieille et

---

(1) Loisel. Voy. Camus, t. 1, p. 184.

(2) Loisel. Voy. Camus, t. 1, p. 184.

(3) Loisel. Voy. Camus, t. 1, p. 186.

(4) « C'estait, nous dit Loisel, un homme violent, cholère et courageux en ses plaidoieries. »

grande famille des avocats, ou du moins tout ce que les ravages du temps en ont respecté et laissé lisible à un œil pieux et attentif. Ces pages, vous l'avez vu, sont déjà remplies de glorieux souvenirs, et les noms qui y sont inscrits sont, pour la plupart, les synonymes de belles et louables qualités : amour des idées généreuses, désintéressement, fermeté, loyauté, dévouement public, opiniâtreté au travail, voilà ce qu'ils expriment; vertus sans doute cachées encore sous une enveloppe rude et grossière, et semblables à des fruits sauvages dont les greffes de la civilisation n'auraient pas encore corrigé l'amère saveur. Mais le jeune arbre qui les porte ne tardera pas à s'améliorer sous la main habile et intelligente du progrès ; ces fruits incultes seront remplacés par d'autres de même nature, plus doux et d'un parfum sans mélange; ce seront ces nobles vertus, pratiquées aujourd'hui de longue date, comme de père en fils, parmi nous, et dont nos anciens, dignes héritiers de nos aïeux, nous donnent ici, de nos jours, le vivant et parfait modèle.

A nous, Messieurs, jeunes néophytes de cet ordre antique, à nous de continuer la longue chaine de générations pures de tous reproches, qui s'étend jusqu'à nous. Dans les annales du barreau, de nombreuses pages blanches sont encore réservées à l'avenir; tâchons, à notre tour, d'y mériter une mention d'honneur, d'y inscrire, en lettres qui ne s'effacent pas, quelques talents et quelques vertus. Pour cela, attachons-nous fidèlement aux pas de ceux qui nous précèdent dans la carrière : d'Aguesseau l'a dit avant moi :

« Il est toujours glorieux d'y suivre ceux qu'on désespère d'égaler. » Souvenons-nous de cette belle étymologie du mot ordre, qui fait du barreau une véritable chevalerie, avec ses devoirs de protection généreuse et de pur désintéressement. Apprenons surtout de nos pères à garder, comme un rare trésor, cette précieuse indépendance qui est le bonheur du particulier comme celui des peuples, et forme le caractère distinctif de notre profession ; n'est-ce pas dans le sein de notre ordre que la liberté proscrite trouva toujours un refuge inviolable, n'est-ce pas là qu'elle survivra toujours, comme dans une arche sainte, au naufrage et à l'engloutissement universel de tous les sages principes ?... Il n'est qu'une seule sorte de chaînes, si je puis me servir de ce mot impropre, qui nous soient permises : celles-là, laissez moi le dire en finissant, je suis heureux déjà de les porter, désireux et fier de les resserrer tous les jours davantage, ce sont avec vous tous, Messieurs, les liens étroits d'une aimable et douce confraternité.

FIN.

Lyon. — Imp. de Ve Mougin-Rusand, rue Tupin, 10.

www.ingramcontent.com/pod-product-compliance
Ingram Content Group UK Ltd.
Pitfield, Milton Keynes, MK11 3LW, UK
UKHW020934180726
13838UKWH00002B/932

9 782329 397771